JENCKS

LUKEMAN

RODIN

DUCHAMP

HARING

LICHTENSTEIN

FRATIN

NOGUCHI

MIRO

GRAHAM

GUGGENHEIM

WARHOL

일러두기

- 인명이나 지명 등은 국립국어원의 표기법을 따랐습니다.
  일부 관례로 굳어져 일반적으로 사용하는 명칭은 예외로 두었습니다.

- 저자주는 ◆로, 옮긴이 주는 ●로 표기하였습니다.

당신이 모르고 지나친
뉴욕의 예술 작품들

글·일러스트
로리 짐머 · 마리아 크라신스키

Art Hiding in New York

아트 하이딩 인 뉴욕

혜윰터

예술가들은 언제나 영감을 찾아 뉴욕으로 향합니다. 거장 밑에서 공부하기 위해, 결정적인 한 방의 기회를 꾀하러, 다음 작품을 선보일 전시장이나 새로운 후원자를 찾아 전 세계 예술가들이 이 도시로 몰려들죠. 뉴욕의 예술계는 변화를 거듭하고 있지만, 위대한 예술가들이 남긴 발자취는 그 자리에 그대로 남아 있습니다. 이 책은 한때 맨해튼을 가로지르던 위대한 예술가들의 발자취를 따라 우리를 안내합니다. 예술계의 거장들이 남긴 유물을 들여다볼 수 있는 과거로의 시간 여행인 셈이지요.

이 책의 안내를 따라 맥스필드 패리시가 방귀 냄새를 풍기는 콜 왕을 그려 넣은 벽화나 살바도르 달리가 애완 고양이 '바부'와 복도를 돌아다니던 호텔을 찾아가 볼 수 있습니다. 관광객들로 발 디딜 틈 없는 타임 스퀘어의 혼잡한 공기 속에 숨겨진 소리에 가만히 귀 기울여 보기도 하고, 잭슨 폴록이 시더 바에서 밤새 술을 마신 뒤 작업한 벽화가 걸려 있는 펜트하우스도 지나가 봅시다. 16세기 맨해튼의 모습을 노호에 옮겨다 심은 대지 예술 작품도 잊지 말기 바랍니다.

이 책에 실린 100여 개의 글과 그림에는 뉴욕 예술의 역사가 담겨 있습니다. 공공 예술작품에 숨겨진 뒷이야기, 대중들이 감상할 수 있는 공간에 놓인 개인 소장품, 미술관에서나 볼 수 있는 그림에 둘러싸인 채 먹고 마실 수 있는 공간, 예술가들이 머물렀던 장소에 얽힌 이야기에 흠뻑 취할 수 있습니다.

여러분이 뉴욕을 처음 찾는 관광객이든, 뉴욕에 사는 사람이든 상관없습니다. 늘 가는 미술관이나 갤러리에서 벗어나 뉴욕 곳곳에서 살아 숨 쉬는 예술작품을 감상하는 일은 분명히 잊지 못할 독특한 경험이 될 것입니다.

　　10년 전, 저는 첼시 갤러리에서 일하던 중 불명예스럽게 해고를 당하고 말았습니다. 2008년 금융 위기가 발생한 직후였죠. 채용 시장은 급속도로 얼어붙었는데 예술계는 상황이 더 안 좋았습니다. 업계를 떠나고 싶지 않았던 저는 갑자기 주어진 넘쳐나는 시간을 이용해 예술 감각을 잃지 않기 위한 작업에 착수했습니다.

　　오전에는 채용 지원서를 작성했고 오후가 되면 뉴욕 곳곳을 정처 없이 돌아다니며 그동안 너무 바빠서 관심을 갖지 못했던 조각이나 그림, 건축물을 살펴보기 시작했습니다. 방문을 마친 뒤에는 제가 찾은 작품들을 파일로 정리한 다음 온라인이나 브라이언 파크 옆에 있는 아름다운 뉴욕 공공도서관에서 각 장소에 대한 정보를 찾아보았습니다. 관련 자료가 늘어나면서 제 집착도 커져만 갔습니다. 대학 시절 존경했던 예술가들이 어디에 살았고 어디에서 저녁을 먹었으며 어디에 모여 새로운 작품을 구상했는지 알고 싶었습니다.

결국 다른 직장은 구하지 못했지만, 남는 시간을 이용해 착수한 작은 연구 프로젝트는 저를 새로운 삶으로 이끌었습니다. 연구 결과물을 (현재는 접은) 〈아트 너드 뉴욕〉이라는 직접 관리하던 블로그에 올렸는데 2010년 초 블로그가 인기를 끌면서 글쓰기와 큐레이팅 작업을 시작하게 되었습니다. 이 집착의 결과물을 책으로 만들어야겠다는 생각은 늘 하고 있었지만, 그 생각을 구체적으로 발전시키게 된 건 조지아 주 트빌리시에서 어린 시절 친구 마리아 크라신스키와 다시 만나면서부터였습니다.

아홉 살 때 처음 알게 된 마리아와 저는 예술과 건축을 공부하기 위해 몇 년 동안 세계 여행을 함께한 적이 있습니다. 어느 날 밤, 마리아가 에어비앤비에서 트빌리시를 그린 그림을 보여주기 전까지만 해도 저는 그녀가 예술가라는 생각을 하지 못했습니다. 마리아의 그림에 영감을 받아 뉴욕의 예술 역사를 다룬 책을 써야겠다고, 그녀더러 그림을 그려달라고 해야겠다고 결심하게 되었죠. 그렇게 마리아를 설득할 수 있었고 그녀는 출간을 장담할 수도 없는 그림을 100점이 넘게 그려주었습니다. 우리는 1년 동안 트빌리시와 파리의 카페, 뉴욕의 윙이라는 소셜 클럽, 그리고 제 고향 버팔로에서 함께 작업했습니다.

개인적으로 제게는 좋지 않은 시절이었습니다. 왼쪽 콩팥을 친구에게 기증한 뒤 신체적으로 약해져 있었고 2주 후 닥친 아버지의 죽음으로 정신적으로 힘든 시기였으니까요. 하지만 그 와중에 책을 집필하는 과정은 제게 일종의 등대가 되었습니다. 이 책은 저 자신뿐만 아니라 마리아의 일부이기도 하며 예술과 역사를 향한 우리의 공통된 열정을 기리기 위한 작품이기도 합니다. 그랬기에 레빈 그린버그 로스탄의 에이전트 린드세이 에지콤브가 우리를 믿어주었을 때 정말 기뻤고 러닝 프레스의 편집자 쉐넌 코너스 패브리칸트 역시 우리를 지지해주었을 때에는 뛸 듯한 기분이었습니다. 우리가 이 책을 만드는 동안 느낀 마법을 독자 여러분도 느낄 수 있기를 바랍니다.

로리 짐머

Contents

1장

의외의 장소에
숨은 작품

타임 스퀘어 한가운데 위치한 지하철 통풍구 아래,
사람들로 발 디딜 틈 없는 포트 오소리티Port Authority 한복판,
사유 공원의 나무숲 뒤, 발아래 도보 등
위대한 예술작품은 가장 의외의 장소에 숨어 있는 경우가 많다.
그러니 이제부터 휴대전화에서 잠시 눈을 떼고
주위를 둘러보거나 저 위를 올려다보기 바란다.
그렇지 않으면 예술가늘이 뉴욕 곳곳에 뿌려둔
소중한 작품을 감상할 기회를 놓치게 될지도 모르니까.

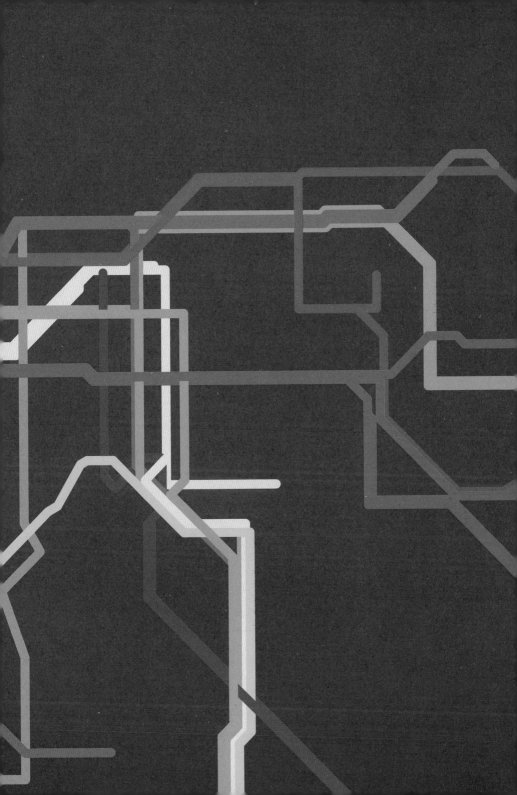

ALAN SONFIST
Time Landscape
HOUSTON & LAGUARDIA PLACE
NOHO

앨런 손피스트, 〈시간 풍경〉

📍 노호, 휴스턴 & 라과디아 플레이스

울타리 뒤에 조성된
풍성한 나무숲

Alan Sonfist, Time Landscape, 1965,
corner of Houston and LaGuardia Place

맨해튼 하면 하늘 위로 치솟은 마천루나 그림 같은 주택가, 혹은 최근 들어 도시 곳곳에 스며들고 있는 유리 건물들이 떠오르실 겁니다. 하지만 라과디아 플레이스LaGuadia Place와 웨스트 휴스턴West Houston 스트리트가 만나는 길모퉁이에 가면 16세기 초 맨해튼의 모습이 최소한 93제곱미터 정도 그대로 남아 있는 것을 볼 수 있습니다. 보도를 따라 울타리가 쳐진 이곳에는 대지 예술가 앨런 손피스트Alan Sonfist의 1965년 걸작 〈시간 풍경Time Landscape〉이 자리하고 있습니다.

울타리 뒤에 조성된 이 풍성한 나무숲은 언뜻 보면 전형적인 도시 정원처럼 보입니다. 뉴요커 눈에는 도시 곳곳에서 볼 수 있는 자그마한 자연 한 줌처럼 보이겠지요. 하지만 손피스트가 만든 이 정원은 평범한 녹지가 아닙니다. 이 생태 공간은 네덜란드인, 아일랜드인, 보헤미안 예술가, 디자이너 숍을 비롯해 산업화가 이곳에 뿌리내리기 한참 전, 그러니까 신대륙 발견 이전 맨해튼에 번성했던 원시림을 재현하고 있습니다.

93제곱미터밖에 되지 않는 공간 내에 조성된 이 자그마한 녹지는 과거를 들여다보는 렌즈라 할 수 있습니다. 한쪽에는 손피스트가 어린 시절 가장 좋아했던 브롱스Bronx의 한 공원에서 옮겨 심은 묘목이 자라 작은 너도밤나무 숲을 이루고 있습니다. 그밖에도 쑥, 미국담쟁이덩굴, 과꽃, 미국자리공, 박주가리과 식물 따위의 지표 식물이 뿌리내리고 있으며 그 위로 미국삼나무, 흑벚나무, 개암나무가 드리워져 있지요. 정원의 북쪽에는 다 자란 나무들이 자리하고 있는데 참나무가 주를 이루는 가운데 미국물푸레 나무와 느릅나무가 드문드문 흩어져 있습니다. 작은 정원에서 볼 수 있는 수많은 식물 중에는 사사프라스, 소합향, 튤립나무, 가막살나무, 층층나무 덤불, 메꽃, 청미래덩굴, 제비꽃도 있습니다. 봄에 이곳에 들르게 되면 그야말로 감각의 향연을 경험할 수 있을 겁니다. ❈

ALEXANDER CALDER
Janey Waney)
GRAMERCY PARK

알렉산더 칼더, 〈제이니 웨이니〉

📍 그래머시 파크

까치발을 들어야
보이는 조각상

Alexander Calder, Janey Waney, 1969,
Gramercy Park

그래머시 파크 Gramercy Park는 뉴욕에서 가장 유명한 사유 공원입니다. 정원사의 손길로 언제나 깔끔하게 유지되는 무성한 나무숲과 고즈넉한 산책길이 지나는 사람들의 눈길을 끕니다. 뿐만 아니라 이곳저곳에 예쁘게 배치된 벤치는 관광객이 아닌 날아든 새들의 휴식처가 되어 주는 곳이지요. 하지만 이 공원의 자랑거리는 그게 다가 아닙니다. 여기서는 알렉산더 칼더 Alexander Calder의 조각품도 감상할 수 있습니다.

〈제이니 웨이니 Janey Waney〉라는 제목의 이 거대한 조각품은 1969년 앤디 워홀의 슈퍼스타 '베이비 제인' 호지어 Hozler가 의뢰한 작품입니다. 칼더의 작업실에서 작게 제작된 이 작품을 본 호지어가 당시 남편이 일하던 롱아일랜드에 위치한 스미스 헤이븐 몰 Smith Haven Mall에 설치하기 위해 칼더에게 실물 크기보다 큰 작품을 만들어줄 것을 요청했다고 합니다. 그리하여 이 조형물은 2011년에 인근 주민들과 칼더 재단의 회장 알렉산더 S. C. 로워 Alexander S. C. Rower가 임대해 1년 동안 그래머시 파크에 놓이게 되었는데, 그 후 유럽 전시회에 참석할 때를 제외하고는 계속해서 이 공원에 서 있게 되었습니다.

오렌지색 기단에 달린 노란색과 파란색, 흰색 조각이 바람을 따라 부드럽게 흔들리는 이 움직이는 조각mobile은 칼더의 작품답게 밝은 색상이 돋보입니다. 아쉽게도 그래머시 파크는 공원을 따라 들어선 고급 타운하우스 입주민들을 위한 사유 공원이기 때문에 원칙대로라면 〈제이니 웨이니〉는 입주민들만 관람 가능한 작품이지만, 일반인도 울타리 바깥에 서서 무성한 나무숲과 꽃들 사이로 〈제이니 웨이니〉를 볼 수 있습니다. 까치발을 들면 마치 공원 안에 있는 기분을 만끽하면서 칼더의 작품을 육안으로 바라볼 수 있는 것이죠. 울타리 너머에서 안을 들여다보는 사람들의 모습은 입주민들에게도 기분 좋은 볼거리라고 합니다. 이 조형물은 이따금 공원에서 나와 암스테르담이나 파리 등 세계 각지를 여행하기도 하지만, 여행을 마치면 늘 제자리로 돌아옵니다. ❇

BERGDORF GOODMAN
Window Displays
754 FIFTH AVENUE at 58th STREET
MIDTOWN

버그도프 굿맨 윈도우

📍 미드타운, 58번 스트리트 5번 애비뉴, 754번지

지나가는 사람의
눈길을 붙잡는 화려한 쇼윈도

Bergdorf Goodman Windows,
754 Fifth Avenue at 58th Street

뉴욕에 유일하게 남아 있는 유서 깊은 고급 백화점, 버그도프 굿맨Bergdorf Goodman의 아름다운 쇼윈도 장식은 거리를 걷는 단조로운 경험을 달콤한 휴식으로 탈바꿈시키는 놀라운 작품입니다. 일류 디자이너의 고급 제품 사이로 예술의 향기가 흐르는 이곳의 장식은 전 세계까지는 아닐지 몰라도 뉴욕 내에서는 단연 최고를 자랑하죠. 빈티지한 도구와 현대적인 의상을 융합시키고 이따금 대가의 작품까지 이용하는 버그도프 굿맨의 쇼윈도는 기발한 구성을 선보이는 것으로 아주 유명합니다.

버그도프 굿맨은 양복쟁이 출신의 헤르만 버그도프Herman Bergdorf가 파트너인 에드윈 굿맨Edwin Goodman과 함께 시작한 백화점으로 1901년에 처음 문을 열었습니다. 첫 번째 매장은 32번 스트리트에 자리했으나 1914년, 현재 록펠러 센터Rockefeller Center 자리에 있었던 대형 백화점으로 위치를 옮겼습니다. 이후 현재 위치인 5번 애비뉴 서쪽, 당시 뉴욕에서 가장 큰 사택이었지만 지금은 사라지고 없는 코르넬리우스 밴더빌트Cornelius Vanderbilt 저택에 1928년 문을 열었습니다.

매년 전 세계에서 수많은 사람이 이 백화점의 유명한 크리스마스 쇼윈도 장식을 보러 찾아옵니다. 물론 여느 휴일에도 우리의 눈을 즐겁게 해주는 볼거리가 아주 많습니다. 쇼윈도 장식을 총괄하는 데이비드 호위David Hoey 감독은 한 가지 테마를 선보이기 위해 자그마치 6년 동안 계획을 한다고 하는데, 그가 가용할 수 있는 장식품의 품질과 가짓수를 생각하면 저절로 고개가 끄덕여집니다.

그 누구의 방해도 받지 않고 이 호화로운 장식품들을 자세히 감상하고 싶다면 밤늦은 시간에 이곳을 찾아가기 바랍니다. 쇼핑객들이 모두 집으로 돌아간 한산한 시간에 쇼윈도 앞에 서 있는 것은 그 자체만으로도 환상적인 경험이 될 테니까요. ※

THE CARLTON ARMS ART HOTEL
160 EAST 25ᵗʰ STREET GRAMERCY PARK

칼튼 암스 아트 호텔

📍 그래머시 파크, 이스트 25번 스트리트 160번지

건물에
예술을 입힌 호텔

The Carlton Arms Art Hotel,
160 East 25th Street

(버룩 칼리지Baruch College 캠퍼스 바로 옆 건물을 주의 깊게 보시기 바랍니다.) 줄무늬 차양 아래로 난 평범한 문을 열고 들어서면 복도 가득 다양한 작품이 들어선 공간이 나타날 테니까요. 바로 숙박에 예술을 혼합한 최초의 호텔 중 하나인 칼튼 암스Carlton Arms 아트 호텔이 등장합니다. 비록 화려하지는 않을지 모르지만, 창의적인 정신만큼은 넘치는 곳입니다. 지금이야 투숙객에게 예술작품을 감상할 수 있는 경험을 제공하는 아트 호텔들이 속속 등장하고 있지만 1980년대에만 해도 그렇지 않았지요.

1980년대 초반, 이 호텔은 그다지 매력적이지 않았습니다. 평범함으로 가득 찬 1인실 전용 호텔(세면기 달린 방이 전부)이었습니다. 그런데 당시 극빈자들의 집합소나 다름없었던 이 호텔이 투숙객에게 즐거운 경험을 제공하는 장소가 되기를 바란 호텔 지배인 에드 라이언Ed Ryan은 과감한 변신을 꾀합니다. 그는 가난한 예술가들을 안내 데스크 직원으로 채용했는데, 그들이 5층짜리 건물 전체에 벽화를 그려달라고 요청한 것이죠. 그렇게 아트 호텔의 개념이 싹트게 되면서 누추하고 불결한 공간이었던 칼튼 암스 호텔은 1984년 이후 54개 객실을 거쳐 간 수많은 예술가 덕분에 현재 살아 숨 쉬는 예술 전시장으로 변모했습니다.

로비에 설치된 해골 작품조차 예술의 혼이 느껴지는 이 호텔은 복도 끝에 있는 옛 모습 그대로 유지된 공용 화장실 덕분에 마치 타임머신을 타고 80년대 뉴욕으로 온 듯한 착각에 빠지게 합니다. 반짝이는 새 건물은 아니지만, 보헤미안 정신이 넘쳐나는 이 안락한 호텔은 투숙객에게 마법에 빠진 듯한 기분을 선사합니다.

그런데도 이 호텔의 숙박료는 뉴욕에서 가장 싼 축에 속합니다. 그래머시 파크에서 몇 블록 떨어져 있지 않은 위치를 생각하면 정말 놀라지 않을 수 없지요. 이곳에 하룻밤 머물 생각이 없다면 그냥 한번 쓱 둘러보거나 1년에 몇 번 열리는 오프닝 리셉션에만 참석해도 훌륭한 추억이 될 것입니다. ※

CHRISTOPHER JANNEY
Reach
34th STREET SUBWAY
(N & R LINE)
MIDTOWN WEST

크리스토퍼 제니, 〈리치〉

📍 미드타운 웨스트, 34번 스트리트 역(N선, R선)

눈을 감으면
열대우림이 펼쳐지는 장소

Christopher Janney, Reach, 1995,
34th Street Subway Station (N & R Line)

콘크리트 정글 맨해튼 한복판에서 손짓만으로 열대우림을 불러올 수 있다면 믿으시겠나요? 늘 사람들로 붐비는 헤럴드 스퀘어Herald Square에 그런 곳이 숨어 있습니다. 이곳 아래 자리한 34번 스트리트 역의 N선과 R선 플랫폼에는 행인들 머리 위로 평범해 보이는 녹색 금속관이 지나가는데, 사실 이 금속관은 실용적인 목적으로 설치된 것이 아닙니다. 무심코 지나치기 쉬운 이 관은 사실 사람들의 손길을 기다리고 있는 크리스토퍼 제니Christopher Janney의 작품 〈리치|Reach〉입니다. 1995년에 설치된 이 작품은 선로를 따라 흐르는 자연의 선율과 악기 소리로 지하철을 기다리는 사람들에게 전혀 다른 공간 안에 들어와 있는 것만 같은 경험을 제공하지요.

관을 따라 난 여덟 개의 '눈' 안에는 동작 감지기가 설치되어 있다고 합니다. 그래서 사람들의 손길이 닿는 순간 플루트나 마림바 연주 소리, 동물 소리, 에버글레이즈Everglade나 아마존 열대우림 같은 장소를 상기시키는 '음상音像' 등 각기 다른 소리를 뿜어내지요. 직장인들로 북적대는 지하철역에 퍼지는 이 새로운 소리는 마치 거대한 도시 악기의 연주 소리처럼 들립니

다. 이 소리는 두 플랫폼 사이, 혹은 출퇴근하는 직장인들과 도시 환경 사이
에 새로운 대화를 연출하기 위해 매년 다른 소리로 바꾼다고 합니다. ※

FERNANDO BOTERO
Adam & Eve
TIME WARNER CENTER
10 COLUMBUS CIRCLE
UPPER WEST SIDE

페르난도 보테로, 〈아담과 이브〉

📍 어퍼 웨스트 사이드, 타임 워너 센터, 10 콜럼버스 서클

이브가 아담을
시기할 수밖에 없는 이유

Fernando Botero, Adam & Eve, 1990,
Time Warner Center, 10 Columbus Circle

콜럼버스 서클Columbus Circle에 자리한 타임 워너 센터Time Warner Center에 들어서면 놀랍게도 페르난도 보테로Fernando Betero가 조각한 육감석인 남성과 풍만한 여성이 우리를 빈깁게 맞이합니다. 투우사이자 무대 디자이너였던 보테로는 "콜롬비아 예술가 중 가장 콜롬비아인다운 사람" 이라고 스스로 규정할 정도로 콜롬비아의 색채가 짙은 작품을 선보였으며 1950년대 스페인에 정착한 후 전성기를 맞이했습니다. 보테로의 작품에는 늘 이 조각상처럼 관능적이고 볼륨 있는 신체가 등장하곤 하는데요. 그런데도 그의 대형 청동 조각품은 전 세계 공공장소에 설치되어 있습니다. 뉴욕에서는 타임 워너 센터 쇼핑몰의 양쪽 엘리베이터 앞에서 쇼핑객을 맞이하고 있습니다.

울퉁불퉁 터질 듯한 이 커플 〈아담과 이브〉는 약 4미터 높이로 사람들 위에 우뚝 솟아 있습니다. 그런데 이브가 아담을 조금 시기할지도 모르겠습니다. 이곳을 방문한 사람들의 관심은 주로 아담에게로, 구체적으로 말하면 그의 중요 부위로 쏠리기 때문이지요. 익살스럽게 표현된 이 은밀한 신체

부위를 만지고 싶은 욕망은 누구라도 억누를 수 없을 겁니다. 덕분에 아담은 그 앞에서 사진을 찍으려는 관광객들로 늘 북적일 뿐만 아니라 손길이 하도 닿아 그 부위만 유독 반질반질 빛이 나게 되어버렸습니다. 물론 만지는 것은 자유지만, 만진 뒤에는 반드시 손 세정제를 잊지 말기 바랍니다. ※

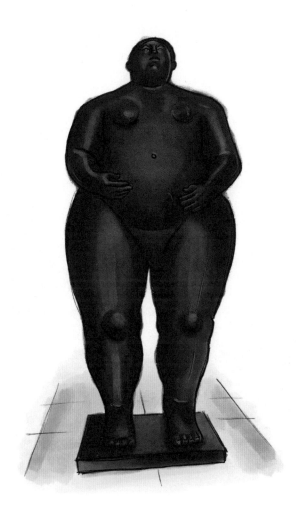

FRANÇOISE SCHEIN
Subway Map Floating on a New York Sidewalk
110 GREENE STREET
SOHO

프랑수아즈 샤인, 〈뉴욕 보도에 떠다니는 지하철 지도〉

📍 소호, 그린 스트리트 110번지

시선을 아래로 깔면
펼쳐지는 예술

Francoise Schein, Subway Map Floating on a New York Sidewalk, 1985,
110 Greene Street

그린 스트리트 Green Street에 가면 발아래를 내려다보는 것을 잊지 마세요. 그렇지 않으면 중요한 예술작품을 못 보고 지나칠지도 모르니까요!

1985년, 토니 골드만 Tony Goldman이라는 부동산 개발자의 의뢰로 프랑수아즈 샤인 Francoise Shein은 소호의 보도에 〈뉴욕 보도에 떠다니는 지하철 지도〉라는 작품을 새겨 넣었습니다. 당시 소호는 불법으로 지어진 아파트와 상업 건물이 한데 뒤섞여서 밤이 되면 황량해지곤 했는데 토니 골드만은 자신의 건물이 위치한 곳만큼은 아름답게 꾸미길 원했습니다. 그렇게 탄생한 샤인의 작품은 주위의 텅 빈 도로와는 대조적으로 상당히 두드러지게 되었지요.

하지만 지도처럼 보이는 이 그림을 보고 도시를 돌아다니려고 해서는 안 됩니다! 27미터에 달하는 이 지하철 지도는 MTA●의 지도를 정확히 담았다기보다는 혈관처럼 구불구불 흐르며 불규칙적으로 자유롭게 뻗어 있기 때문이죠.

밤에 이곳을 거닐다 보면 낮과는 전혀 다른 경험을 하게 됩니다. 바닥에 새겨진 지도가 어두워지면 인근 건물 지하의 천장에 설치한 LED 조명을 받아 환하게 빛나기 때문입니다. 오늘날 소호는 고급 상점과 아파트로 가득하지만 1980년대만 해도 사람이 많이 살지 않았습니다. 한산한 도로 한가운데서 빛나는 이 작품은 분명 장관을 연출했을 겁니다. ※

• Metropolitan Transit Authority, 수도권 도로교통국

GEORGE SEGAL
The Commuters
PORT AUTHORITY BUS TERMINAL
625 EIGHTH AVENUE
MIDTOWN WEST

NEXT DEPARTURE

PUSH

조지 시걸, 〈직장인들〉

📍 미드타운 웨스트, 포트 어소리티 버스 터미널, 8번 애비뉴 625번지

피곤한 영혼을 기리는
조각상

George Segal, The Commuters, 1980,
Port Authority Bus Terminal, 625 Eighth Avenue

1980년대 포트 어소리티Port Authority는 전쟁터나 다름없었습니다. 매춘 알선업자와 매춘부, 마약 밀매자가 넘쳐났으며 근처에 포르노 극장도 많았습니다. 웬만하면 피하고 싶은 장소인데도 200만 명에 달하는 직장인들이 더 나은 삶을 꿈꾸며 매일 이곳을 거쳐 뉴욕으로 출근했습니다.

1980년, 조지 시걸George Segal은 이 지칠 줄 모르는 영혼들을 기리기 위해 〈직장인들Commuters〉이라는 작품을 만들었습니다. 그렇지만 사람 실물 크기의 이 작품을 기념비라 부를 수는 없어 보입니다. 실제 직장인들의 모습을 조각으로 담아낸 단순한 작품이기 때문이죠. 게다가 세 개의 석고상은 고상한 기념비와는 달리 받침대 위가 아니라 바닥에 전시되어 있습니다. 심지어 그의 손에서 탄생한 이 조각상들은 매우 피곤하고 지쳐 보입니다. 끝없이 이어지는 줄에 눈을 고정한 채 외곽에 있는 집으로 자신들을 데려다줄 버스가 오기만을 기다리고 있으니까요.

지금 뉴욕의 모습은 그때와는 많이 달라졌지만, 직장인들이 견뎌야 하는 익숙한 피로를 담았다는 점에서 이 조각상은 지금까지도 모두의 공감을 자아냅니다. 달라진 점이 있다면 당시의 직장인들이 위험한 맨해튼을 떠나 안전한 교외로 돌아가는 것이었다면 지금의 직장인들은 더 이상 맨해튼에 살 여력이 되지 않아 교외로 떠나는 것이라 하겠습니다. ※

KEITH HARING

1958 – 1990

키스 해링, 1958~1990

키스 해링의 삶은 짧았지만 강렬했다(그는 1990년 서른한 살의 나이로 짧은 생을 마감했다). 그는 거리 예술과 그라피티를 시각 예술의 경지로 끌어올리는 데 기여했고, 아직도 우리 문화에 지대한 영향을 미치고 있다.

해링이 뉴욕에 머문 기간은 고작 12년이다. 1978년 여름, 시각 예술 대학School of Visual Arts에서 그림을 공부하러 뉴욕에 온 그는 사망할 때까지 이곳에 머물렀다. 12년 동안 상징적으로도, 말 그대로도 뉴욕 곳곳에 자신의 흔적을 남겼다. 일부 작품은 아직 그대로 남아 키스 해링의 정신을 살아 숨 쉬게 하는 한편, 새로운 예술 애호가들의 흥미를 자아내고 있다.

키스 해링, 〈마약은 인생을 망친다〉

📍할렘, 2번 애비뉴, 이스트 128번 스트리트

불법 마약에 대항하는
불법 벽화

Keith Haring, Crack is Wack, 1986,
East 128th Street at Second Avenue

뉴욕은 끊임없이 새로운 모습을 선보이고 있지만, 과거의 흔적이 완전히 사라진 건 아닙니다. 그런 흔적 가운데는 좋은 모습도, 그렇지 않은 모습도 있지요. 가령 1980년대 뉴욕은 창의력이 넘쳐나는 예술적인 도시였지만, 코카인의 일종인 크랙의 급속한 확산으로 골머리를 앓기도 했습니다. 열렬한 예술 운동가였던 키스 해링의 작업실 조수, 베니 역시 크랙에 중독되고 말지요. 1986년, 결국 해링은 할렘 강변도로에 인접한 핸드볼 코트를 이용해 마약 반대 캠페인을 펼치기 시작했습니다.

차를 타고 이 핸드볼 코트를 종종 지나가곤 했던 그는 어느 날 정부의 무관심한 대응에 불만을 표하고자 쉽게 이목을 끌 수 있는 이곳에 불법 벽화를 그려야겠다고 생각하게 됩니다. 과감한 오렌지색과 해링 특유의 검은 윤곽선이 두드러지는 이 벽화는 뉴욕 북부로 놀러 갔다가 다시 도시로 들어오는 운전자들에게 경고의 메시지를 전하며 마약의 위험성을 각인시켰습니다. 오늘날 우리는 1980년대 뉴욕의 창의력과 예술을 미화하기 좋아하지만, 해링의 작품을 보면 로워 이스트 사이드Lower East Side 주위로 범죄와 마약이

들끓던 당시, 뉴욕은 전쟁터나 다름없었다는 사실을 떠올리게 됩니다.

해링이 그린 불법 벽화 중 〈마약은 인생을 망친다**Crack is Wack**〉는 지금까지 남아 있는 최고의 벽화 중 하나입니다. 뉴욕시 공원 관리소가 복구나 보호 작업을 주관하는 것을 생각하면 아이러니한 일이 아닐 수 없지요. 당시 해링은 그라피티를 완성한 뒤 곧바로 체포되었지만, 이 벽화가 인기를 끌면서 언론에서 관심을 보이자 혐의가 취하되었고 벌금도 100달러로 낮아졌다고 합니다. ✵

KEITH HARING
Carmine Street Pool

1 CLARKSON STREET
GREENWICH VILLAGE

키스 해링, 카르민 스트리트 풀장 벽화

📍 그리니치 빌리지, 클락슨 스트리트 1번지

역사적인 벽화가
탄생한 순간

Keith Haring, Carmine Street Pool Mural, 1987,
1 Clarkson Street

1987년 찌는 듯한 어느 여름날, 웨스트 빌리지에 위치한 카르민 스트리트 풀장(현재는 토니 다폴리토 레크리에이션 센터Tony Dapolito Recreation Center)은 말 그대로 지글지글 타기 시작했습니다. 주민들이 열기를 피해 풀장에 뛰어드는 동안, 당시 경력이 절정에 달했던 키스 해링은 이 풀장 한쪽에 거대한 벽화를 그렸으며 디제이 주니어 바스퀴즈Junior Vasquez가 그 옆에서 강렬한 음악을 틀었습니다. 역사에 기록될 법한 전설적인 사건이었습니다.

그 후로도 해링은 죽을 때까지 자신이 지역사회로부터 받은 사랑을 되돌려주는 데 노력을 아끼지 않았습니다. 해링은 52미터짜리 벽화를 칠한 전설적인 날 "그 어느 때보다도 즐거운 경험을 했다"라고 말했습니다. 그의 손끝에서 탄생한 돌고래나 물고기 따위의 해양 생물들은 오늘날까지도 이곳에서 수영하는 사람들과 행인의 눈을 즐겁게 해 주고 있습니다. ✖

KEITH HARING
Once Upon A Time

LGBT COMMUNITY CENTER
208 WEST 13th STREET
GREENWICH VILLAGE

키스 해링, 〈옛날 옛적에〉

📍 그리니치 빌리지, LGBT 지역센터, 웨스트 13번 스트리트 208번지

성적 자유를 외친
에로틱한 조각상

Keith Haring, Once Upon a Time, 1989,
LGBT Community Center, 208 West 13th Street

키스 해링이 마지막으로 뉴욕에 남긴 공공예술품은 아마 그의 가장 사적인 작품일 겁니다. 〈옛날 옛적에Once Upon a Time〉는 키스 해링 자신의 성적 자유를 기리는 작품이자 스톤월 항쟁 20수년을 공공언하게 기리는 기념비라 하겠습니다. 1989년에 그려진 이 흑백 벽화는 레즈비언, 게이, 양성애자, 트랜스젠더LGBT 지역센터의 화장실 벽을 따라 뱀처럼 뻗어 있습니다. 그는 1980년대 게이 커뮤니티의 성적인 항해를 보여주기 위해 이 장소를 의도적으로 택했다고 합니다.

1989년, 키스 해링뿐만 아니라 그가 속한 지역사회 전체가 에이즈 영향에 휘말리게 되면서 해링은 안전한 섹스를 공공연하게 지지하고 나섰습니다. 이 작품은 섹스라는 특정한 행위를 비난하는 대신 공공연하게 축복하는 방법을 택합니다. 해링 특유의 대담한 선으로 표현된 형상이 에로틱한 기쁨으로 뒤틀려 있는 가운데 해링의 전형적인 남성상에서 다양한 신체 부위와 체액이 분출되고 있는 모습입니다. 이 거대한 작품은 오르가슴의 기쁨을 표현한 것처럼 보이지만 〈옛날 옛적에〉라는 제목에서 에이즈가 만연하기 전,

성적 '자유'를 누리던 시대를 회상하는 듯한 비애가 엿보입니다.

해링이 이 벽화를 그렸던 화장실은 현재 회의실로 바뀌었지만, 센터에
의해 말끔하게 복구된 벽화에서는 여전히 성적 판타지가 느껴집니다. ※

KEITH HARING
The Life of Christ

CATHEDRAL of
ST. JOHN DIVINE
1047 AMSTERDAM AVENUE
UPPER WEST SIDE

키스 해링, 〈그리스도의 생애〉

📍 어퍼 웨스트 사이드, 세인트 존 더 디바인 성당, 암스테르담 애비뉴 1047번지

죽음의 절망을 담은
마지막 그림

Keith Haring, The Life of Christ, 1990,
Cathedral of St. John Divine, 1047 Amsterdam Avenue

키스 해링은 에이즈가 자신의 신체를 잠식해가는 가운데서도 작품 활동을 멈추지 않았습니다. 생을 마감하기 한 달 전인 1990년 1월, 해링은 평소 그답지 않게 종교라는 주제를 다루기 시작했습니다. 바로 청동에 새긴 뒤 흰색 금박으로 마감한 세 폭짜리 그림, 〈그리스도의 생애The Life of Christ〉입니다. 이 그림은 그리스도의 생애를 묘사한 장면을 해링 특유의 양식으로 담아낸 작품입니다. 가로 1.5미터, 세로 2.5미터에 무게가 자그마치 약 270킬로그램이나 나가는 이 작품은 아홉 개 연작 중 하나로 나머지 작품들은 전 세계 미술관과 교회에 전시되어 있습니다.

그림 중앙에는 해링의 대표적인 아기 그림으로 표현된 아기 그리스도가 여러 개의 뻗은 손안에 들려 있습니다. 그런데 해링의 작품은 그리스도의 탄생 이미지에서 연상되는 평온함과 반대로 공격적인 분위기를 풍깁니다. 탄생을 목격하는 사람들이 팔을 마구 흔들며 주먹을 꽉 움켜쥐고 있기 때문이죠. 이 같은 불안감은 해링이 죽기 전 마지막 몇 달 동안 느꼈던 절망감을 반영한 것일지도 모릅니다. 그는 에이즈가 곧 자신을 잠식할 거라는 사실을 깨

달았던 것이지요. 그렇게 생각하고 보면 이 그림은 정말 가슴 아프게 다가옵니다.

　세인트 존 더 디바인 성당은 해링의 마지막 작품을 전시하기에 더없이 적절한 장소입니다. 1900년대 초에 지어진, 세상에서 가장 큰 성당◆으로 종파를 초월한 전통과 수용, 예술에의 헌신◆◆으로도 유명합니다. 해링의 마지막 작품이 계속해서 살아 숨쉬기에 완벽한 장소라 하겠습니다. ※

◆ 바티칸에 위치한 성 베드로 성당이 더 크기는 하지만 그곳은 대성당이 아니다.
◆◆ 현대 작품 전시회를 비롯해 단테의 『신곡』 낭독 같은 비종교적인 지역 워크숍도 주최한다.

KEN HIRATSUKA
River & Nike Sculpture
25 BOND STREET
NOHO

켄 히라쓰카, 〈강〉 & 〈나이키〉
📍노호, 본드 스트리트 25번지

공사 현장의 실수가 아닌 예술작품

Ken Hiratsuka, River and Nike, 2008,
25 Bond Street

본드 스트리트 25번지 앞 보도를 걷다 보면 소용돌이 모양으로 선들이 뻗어 있는 것을 볼 수 있습니다. 이 선은 동네 꼬마 아이들이 도로 건설 현장에 뛰어들어 콘크리트가 채 마르기도 전에 나뭇가지로 장난을 친 흔적이 아닙니다. 마치 흐르는 듯한 무늬는 2008년, 일본 조각가 켄 히라쓰카Ken Hiritsuka가 중국산 화강암이 깔린 보도에 새긴 〈강River〉이라는 작품입니다. 그는 "바다의 유동적인 흐름에서 영감을 받아 단 한 번의 끌로 이 선을 새겼다"라고 자신의 그림을 표현했습니다. 켄은 전 세계에 이 같은 선을 그리며 언어의 차이를 초월하는 한편, 그의 말을 빌리자면 "순간의 화석"을 창조해 오고 있습니다.

보도에 새겨진 이 선은 건물 입구까지 이어지는데, 켄은 이곳에 〈나이키Nike〉라는 조각을 세우기도 했습니다. 평범한 뉴요커라면 이 값비싼 건물에 살 수는 없겠지만, 누구라도 본드 스트리트 25번지에 가면 켄 히라쓰카의 호화로운 작품을 마음껏 즐길 수 있습니다. ❋

LEO VILLAREAL
Hive

6 TRAIN at
BLEECKER & LAFAYETTE STREETS
NoHo

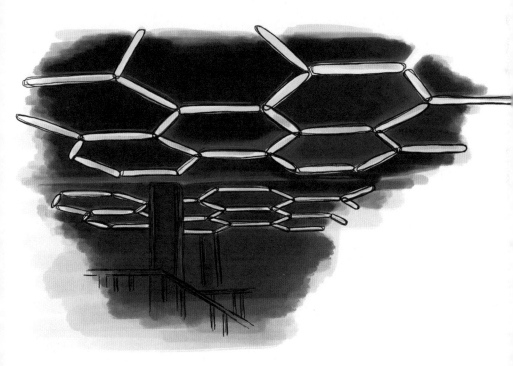

레오 빌라리올, 〈벌집〉

📍 노호, 블리커 앤 라파예트 스트리트역(6호선)

지하철에서 즐기는
현란한 색채

Leo Villareal, Hive (Bleecker Street), 2012,
6 Train at Bleecker and Lafayette

뉴욕의 도로나 지하철 역사 안을 걷다 보면 프로거Frogger(개구리가 등장하는 아케이드 게임)게임의 한 장면이 눈앞에 펼쳐져 있는 것 같은 기분이 들 때가 있습니다. 블리커 스트리트 역에서 엘리베이터를 타고 6호선 플랫폼으로 향하다 보면 천장에 설치된 현란한 LED 조명이 흡사 8비트 비디오 게임의 한 장면처럼 색상을 갈아입는 모습을 볼 수 있기 때문이지요. 이 설치물은 조명 예술가 레오 빌라리올Leo Villareal의 〈벌집Hive〉이라는 작품으로 지나가는 사람에게 다양한 방식으로 놀라움과 경의를 선사합니다.

이 육각형 조명이 선보이는 다양한 색상은 복잡한 패턴으로 구성되어 있는데, 빌라리올은 존 콘웨이John Conway('더 게임 오브 라이프The Game of Life'라는 셀 구조 자동화 비디오 게임을 개발한 수학자)의 수학적 연구를 바탕으로 이 같은 패턴을 고안해냈다고 합니다. 벌집 모양의 LED 조명 아래로 바삐 지나가는 직장인들을 보고 있으면 그들이 마치 맨해튼이라는 네트워크를 들락거리는 일벌처럼 보이기도 합니다. ✻

MAX NEUHAUS
Times Square

BROADWAY between 45th & 46th STREETS
TIMES SQUARE

맥스 뉴하우스, 〈타임 스퀘어〉

📍 브로드웨이, 45번 스트리트와 46번 스트리트 사이

타임 스퀘어의
화려함 뒤에 숨은 화음

Max Neuhaus, Times Square, 1977,
Broadway between 45th and 46th Streets

타임 스퀘어는 수많은 관광객뿐만 아니라 뉴요커 대부분에게도 온갖 소리와 조명, 혼돈으로 다가오는 곳입니다. 이렇게 상업적인 소음으로 가득 차 있는 타임 스퀘어 한가운데 아무도 눈치채지 못할 예술작품이 숨어 있다면 믿으시겠나요?

브로드웨이, 45번 스트리트와 46번 스트리트 사이 지하철 환풍구 철망 덮개 사이에 귀를 갖다 대면 타임 스퀘어의 온갖 소음과는 전혀 다른 풍부한 화음을 들을 수 있습니다. 1977년 맥스 뉴하우스Max Neuhaus가 설치한 〈타임 스퀘어Times Square〉라는 소리 조각품에서 들려오는 것입니다. 좁은 공간을 감싸는 웅웅거리는 저음은 이곳을 주위 공간과 확실히 구분 짓는데, 이 소리를 그 아래 지하철로에 위치한 고장 난 차량이 내는 소리로 생각하거나 심지어 폭탄이 폭발하는 소리로 오해하는 사람들도 있다고 하네요!

뉴하우스의 작품은 이 번잡한 장소와 분리된 듯 보이지만 사실은 그 안에 녹아드는 것을 목표로 합니다. 이곳에는 어떠한 표지물도 설치되어 있지 않습니다. 정말로 이 작품에 관심 있는 사람이나 도시가 내는 소리에 귀를 기울이려는 사람에게만 존재감을 드러내지요. 디아 재단Dia Foundation의 후원으로 설치된 이 작품은 1977년에서 1992년 사이 첫선을 보인 뒤 2002년 이후로 계속해서 그 자리를 지키고 있습니다.

이 작품에 영감을 준 타임 스퀘어의 모습은 이미 오래전에 사라졌지만 암울했던 1977년에 이곳에서 들려오는 음산한 소리에 귀 기울이는 경험은 오늘날 디즈니 월드의 유령의 집에서 그러한 소리를 듣는 것과는 꽤 다른 경험이었을 겁니다.

이곳에 가면 완전히 다른 두 가지 방식으로 이 작품을 감상하기 바랍니다. 첫째, 혼잡한 통근 시간에 관광객들이 예상치 못한 소리에 반응하는 모습을 지켜보는 것입니다. 둘째, 자정이 훌쩍 지나 타임 스퀘어가 으스스할 정도로 한산해질 무렵에 가보는 겁니다. 바라보는 이 하나 없는 가운데 화려한 스크린 조명만이 번쩍일 때면 이 저음은 단순한 소리가 아니라 하나의 감각으로 다가올 겁니다. 1977년 이 환풍구 철망 덮개에 서 있던 사람이 느꼈던 감각을 우리도 경험할 수 있을지 모릅니다. ❊

ROY LICHTENSTEIN
Times Square Mural
42nd STREET MTA STATION
TIMES SQUARE

로이 리히텐슈타인, 〈타임 스퀘어 벽화〉

📍 타임 스퀘어, 42번 스트리트 역

지하철만 타면
관람 가능한 예술 벽화

Roy Lichtenstein, Times Square Mural, 1994,
42nd Street MTA Station

지하철을 이용하는 동안 현대 예술작품을 감상하는 것만큼 신나는 일은 없을 겁니다. 팝아트의 거장 로이 리히텐슈타인Roy Lichtenstein은 지루한 출근길에 경의를 표하기 위해 늘 낙서로 도배되어 있던 타임 스퀘어 지하철역 벽에 걸작을 남겼습니다.

리히텐슈타인은 특유의 벤데이 도트(인쇄기로 인쇄해 낸 것처럼 보이는 그물코 같은 점) 기법을 활용해 SF 영화 속 캐릭터 벅 로저스Buck Rodgers의 우주선을 뉴욕의 상징물과 절묘하게 연결시켰습니다. 가로 16미터, 높이 1.8미터에 달하는 벽화는 총알 모양의 통근 우주선이 소용돌이치는 마천루 위를 맴돌고, 1904년 지하철 건물로 거슬러 오르는 듯한 모습을 하고 있습니다.

혼잡한 통근 시간대에 바삐 이동하는 사람들의 정신없는 모습을 반영하듯 대담한 색상과 생생한 형태가 눈길을 끕니다. 리히텐슈타인은 사망하기 몇 년 전인 1994년에 이 작품을 완성했지만, MTA는 2002년이 되어서야 이 작품을 설치했습니다. ※

TOM OTTERNESS
Life Underground
EiGHTH AVENUE L TRAIN STATiON
CHELSEA

톰 오터니스, 〈라이프 언더그라운드〉

📍 첼시, 14번 스트리트 8번 애비뉴 역(A, C, E, L 선)

잘린 모가지를 보는
출근길 지하철

Tom Otterness, Life Underground, 1998-2000,
Eighth Avenue at 14th Street, ACE and L Train Station

참수된 여성, 머리가 있어야 할 자리에 휴대전화가 놓인 남성, 거대한
발 한 쌍 모두가 14번 스트리트 8번 애비뉴 역에서 참을성 있게 지하철을 기
다리고 있습니다. 농담 같나요? 정말입니다. 실은 청동으로 만들어진 이 동
글동글한 조각상은 〈라이프 언더그라운드 Life Underground〉라는 작품 일부
로 톰 오터니스 Tom Otterness가 MTA를 위해 만든 것입니다.

1998년, 오터니스는 MTA의 의뢰를 받아 14번 스트리트 역의 L 선과
A, C, E 선의 플랫폼에 항구적으로 놓이게 된 25개의 엉뚱하고 기발한 청동
조각을 제작했습니다. 그런데 이 작업에 푹 빠진 그는 프로젝트가 완성된 이
후에도 작업을 멈추지 않았습니다. 사비를 털어서 작업을 계속한 그는 결국
100개의 조각을 완성해 전부 MTA에 전달했고 MTA는 2000년 겨울, 그의
작품을 설치했습니다.

하지만 이 깜찍한 조각상들 가운데 늘 오터니스의 작품만 있었던 것
은 아닙니다. 그는 과거에 〈샷 도그 필름〉이라는 논란의 여지가 있는 영화를
선보인 적이 있었습니다.● 1978년 타임 스퀘어의 한 극장에서 상영된 이 독

립영화는 36년 후 다른 조각가들에게 영감을 제공했고, 2014년 앤드류 타이더Andrew Tider와 리사 반스톤Risa Barnstone은 〈샷 도그 필름〉에 저항하는 의미로 오터니스처럼 보이는 사람이 개를 쏘는 모습의 청동 조각상을 그의 작품들 가운데 슬쩍 설치해놓기도 했습니다. 이 작품은 나중에 MTA에 의해 철거되었지만 말이죠. ※

• 이 작품에는 그가 키우던 개를 총으로 쏘아 죽이는 장면이 담겨 있다.

WALTER DE MARIA
Broken Kilometer
393 WEST BROADWAY
SOHO

월터 드 마리아, 〈깨진 킬로미터〉

📍 소호, 웨스트 브로드웨이 393번지

뉴욕에서
가장 값비싼 예술품

Walter De Maria, Broken Kilometer, 1979,

393 West Broadway

소호의 화려한 쇼핑지구에는 월터 드 마리아Water De Maria의 거대한
작품 두 점이 설치되어 있습니다. 디아 재단의 후원으로 완성된 〈깨진 킬로
미터Broken Killometer〉와 〈흙방Earth Room〉입니다(두 번째 작품은 다음 페이지
에서 자세히 소개하겠습니다). 서로 몇 블록 떨어진 곳에서 각각 거대한 공간을
차지하고 있는 이 두 작품은 그 위치만으로도 뉴욕에서 가장 비싼 예술작품
에 속합니다.

〈깨진 킬로미터〉는 소호의 멋들어진 디자인 숍들 사이로 웨스트 브
로드웨이 393번지에 자리하고 있습니다. 건물 복도를 따라 안으로 들어가면
코린트식Corinthian 기둥이 세워진 널찍한 공간이 나타나는데, 이 휑뎅그렁
한 공간에는 반짝이는 청동 막대기 500개가 5줄로 질서정연하게 놓여 있습
니다.

지름 약 5센티미터에 길이가 2미터에 달하는 이 막대기들은 간격이
5밀리미터씩 증가해 한쪽에서 보면 서로 등거리에 놓인 것처럼 보입니다. 양
끝에 놓인 막대기 사이의 거리가 1킬로미터에 달하는 이 작품은 드 마리아가

독일 카셀에 설치한 또 다른 작품 〈수직 땅 킬로미터〉●와 짝을 이룹니다.

〈깨진 킬로미터〉는 1979년부터 계속해서 소호에 자리하고 있으며 무료로 관람이 가능합니다. ✻

● Vertical Earth Kilometer, 땅에 수직으로 심어진 1킬로미터 길이의 청동 막대기

WALTER DE MARIA
Earth Room
141 WOOSTER STREET
SOHO

월터 드 마리아, 〈흙방〉

📍 소호, 우스터 스트리트 141번지

거대한 소비주의를 향한
조용한 승리

Walter De Maria, Earth Room, 1977,

141 Wooster Street

이제 몇 블록 떨어진 우스터 스트리트 141번지로 가볼까요? 이 건물에서 계단을 몇 단 올라가면 완전히 다른 작품이 나타납니다. 191세제곱미터에 달하는 〈흙방〉은 소호의 한 건축물을 127톤에 달하는 검은 흙으로 허리 높이 정도까지 채운 작품입니다. 관람객은 그 안으로 들어갈 수 없으며 플라스틱 차단벽 위로 몸을 기울이지 않는 한 관람하기 좋은 위치에서 바라보기만 할 수 있을 뿐입니다.

이 작품이 지닌 단순성은 압도적이며 평온합니다. 335제곱미터에 달하는 공간에 펼쳐진 〈흙방〉은 바깥세상의 강렬함을 집어삼키는 것처럼 보입니다. 이 흙은 정말로 휴스턴 스트리트에서 들려오는 도시의 소음을 대부분 흡수하지요. 관람객은 신선한 흙냄새를 맡는 가운데 목가적인 장소에 있는 듯한 신비로운 경험을 하게 됩니다. 여름이 되면 이 작품은 청소와 밭갈이, 드 마리아가 40년 전 가져온 흙에서 이따금 버섯을 솎아내는 작업을 위해 잠시 문을 닫습니다.

〈깨진 킬로미터〉와 더불어 소호가 상징하는 거대한 소비주의를 향한 조용한 승리로 평가받습니다. ※

2장

식사하며
즐기는 작품

뉴욕의 밤거리를 완전하게 즐기고 싶은가? 그렇다면 몇 가지 준비해야 할 것이 있다.
바로 근사한 와인과 좋은 친구 그리고 훌륭한 작품이다.
맥스필드 패리시Maxfield Parrish의 작품 아래 앉아
블러디 메리Bloody Mary를 홀짝이거나
어린 시절 좋아했던 화가의 그림으로 가득 찬 방에서
전 세계적으로 유명한 재즈를 감상하면 어떨까?
술을 마시지 않는 사람이라면 유명한 드 메디치de' Medici 가문의
나무 벤치에 앉아 뉴욕의 오리지널 에스프레소를 마시면서
카라바조 학파의 그림을 감상해도 좋다.

어떠한 선택을 하든 예술작품에 둘러싸여 식사를 하는 경험은
좋아하는 미술관에서 단순히 그림만 감상하는 것보다는
훨씬 다채로운 경험이 될 테니까.

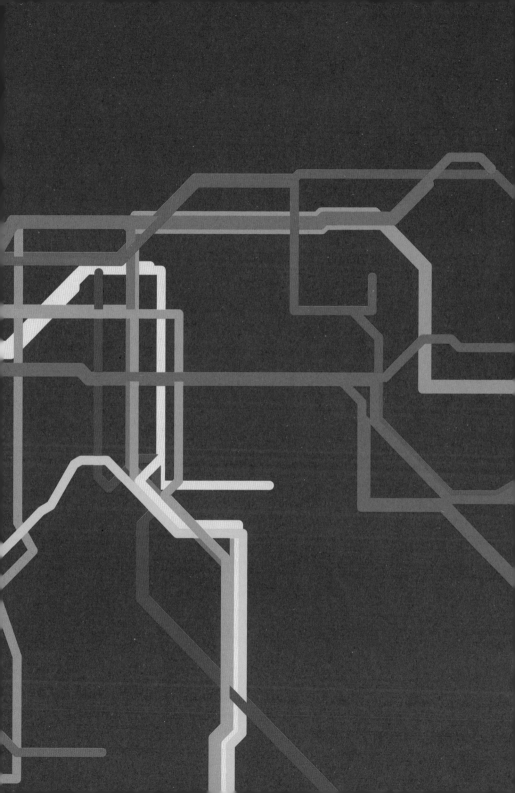

BEMELMANS BAR
CAFÉ CARLYLE

THE CARLYLE
35 EAST 76th STREET
UPPER EAST SIDE

베멀먼즈 바, 카페 칼라일

어퍼 이스트 사이드, 이스트 76번 스트리트 35번지

재도약에 성공한
뉴욕의 고급 호텔

Bemelmans Bar and Café Carlyle,
The Carlyle, 35 East 76th Street

1920년대 말 모세 긴즈버그Moses Ginsberg는 칼라일 호텔The Carlyle Hotel을 착공하며, 고급스러운 아르 데코 양식의 아파트식 호텔을 꿈꿨습니다. 그는 호텔을 찾는 이들이 편안하게 머무를 수 있도록 아름다운 숍과 레스토랑을 더한 현대적인 호텔을 만들고 싶어 했습니다. 하지만 그의 바람과는 달리 1930년 호텔이 완공될 무렵, 뉴욕의 부자들은 붕괴된 주식시장을 회복하느라 정신이 없었고, 결국 호텔은 큰 주목을 받지 못한 채 2년 만에 매각하게 되었지요.

그로부터 수십 년이 흐른 뒤, 칼라일 호텔은 2018년 다큐멘터리 〈늘 칼라일에서〉에 등장하는 등 명실상부 뉴욕의 고급 호텔 중 하나로 자리매김하며, 본래의 목표를 달성하게 됩니다. 칼라일 호텔은 호화로운 객실뿐만 아니라 두 개의 독특한 예술품이 전시된 두 개의 피아노 바 역시 유명합니다. 그중 하나인 베멀먼즈 바Bemelmans Bar는 칼라일 호텔이 재도약을 꾀한 1947년에 문을 열었습니다.

동화책 『마들린느Madeline』 시리즈로 성공을 구가하고 있던 삽화가 루드비히 베멀먼즈Ludwig Bemelmans는 새로 오픈한 레스토랑 벽에 벽화를 그려달라는 요청을 받습니다. 그는 기꺼이 요청을 수락하며 그림값 대신 1년 반 동안 자신의 가족을 호텔에 머물 수 있게 해 달라고 제안합니다.

그렇게 베멀먼즈는 1946년 자신의 이름을 딴 바의 벽과 전등갓에 센트럴 파크를 담은 기발한 벽화를 그리기 시작합니다. 스리피스 정장을 입고 공원을 산책하는 토끼와 개, 코끼리와 유모차를 밀며 걸어가는 보모, 풍선 파는 남자, 유명한 음악당에서 연주하는 밴드를 비롯해 잔디에서 즐겁게 뛰노는 친구들 옆으로 마들린느도 등장합니다.

이 아름다운 벽화는 현재까지 남아 있는 베멀먼즈의 작품 중 대중이 관람할 수 있는 유일한 작품이며, 수년간 작품에 찌든 담배 냄새를 없애기 위해 식빵 조각을 사용했고, 그 결과 2007년 말끔히 복원되었습니다. 이곳에서는 매일 밤 환상적인 라이브 연주도 열리고 있습니다.

1955년 베멀먼즈 바가 문을 연 지 10여 년이 지났을 무렵, 1930년대 맨해튼의 고급 나이트클럽을 재현한 카페 카일라Cage Carlye가 문을 열었습니다. 카페 카일라 역시 벽화로 장식되었는데, 프랑스계 헝가리 삽화가이자 의상 디자이너인 마르셀 버티스Marcel Vertes의 손길로 탄생했습니다.

음악을 주제로 한 그의 벽화는 앙리 드 툴루즈 로트렉Henri de Tou-louse-Lautrec이 그린 작품인 〈물랑 루즈Moulin Rouge〉로부터 큰 영향을 받았습니다. 버티스는 1952년 영화 〈물랑 루즈〉로 최고 아트 디렉션상과 최고 의상 디자인상을 받은 디자이너로 인근에 위치한 월도프 아스토리아Waldorf Astoria의 피콕 앨리Peacock Alley 레스토랑의 벽화를 그리기도 했습니다.

2017년 보수 작업을 위해 문을 닫은 카페 카일라는 초연 장소로도 유

명하며, 알란 커밍Alan Cumming, 토니 댄자Tony Danza, 쥬디 콜린스Judy Collins 등과 같은 유명인사가 이곳을 찾았습니다.

베멀먼즈 바와 카페 칼라일에서는 전통적인 뉴욕을 맛볼 수 있지만, 무료로 이 같은 경험을 할 수 있는 것은 아닙니다. 베멀먼즈 바의 테이블 요금은 25달러이고 카페 카일라의 경우 이 금액이 249달러에 달하기도 하니까요(음료나 식사가 포함되지 않은 가격). ※

CAFFE REGGIO

119 MACDOUGAL STREET
GREENWICH VILLAGE

카페 레지오

📍 그리니치 빌리지, 맥두걸 스트리트 119번지

100년 전으로
거슬러 가는 카페

Caffe Reggio,
119 MacDougal Street

길모퉁이마다 스타벅스가 자리하고 있는 도시, 뉴욕에서 이탈리아 에스프레소를 처음 선보인 카페에 앉아 카푸치노를 마시는 경험은 진정한 호사라 할 수 있겠지요. 자그마치 100여 년 전에 문을 언 카페 레지오Cafe Reggio는 간이 미술관이나 다름없는데, 그리니치 빌리지에 위치한 이 카페에 가면 이탈리아 걸작들 한가운데서 태연하게 카페라테를 마시고 있는 사람들을 볼 수 있습니다.

카페 레지오는 지난 시절을 고스란히 담고 있는 타임캡슐이라 할 수 있습니다. 1927년, 이발사 도미니크 파리지Dominick Parisi는 기다리는 고객들에게 커피를 대접하기 위해 카페 레지오를 열었고, 얼마 지나지 않아 이탈리아에서 가져온 예술작품과 멋진 에스프레소 기계로 카페를 장식하기 시작했습니다. 현재 카페의 벽은 역사적인 작품들로 채워져 있는데 그중에는 수백 년이나 된 작품도 있습니다. 덕분에 이 카페는 소규모 미술관이나 갤러리와도 같은 분위기를 자아냅니다.

카페 레지오에는 총 80개의 작품이 전시되어 있으며, 그중에는 16세기에 그려진 작품을 1980년대 초 메트로폴리탄 미술관에서 복원한 미켈란젤로 카라바조Michelangelo da Caravaggio의 학생이 그린 대형 작품도 있습니다. 심지어 방문객들은 1400년대 메디치 가문이 소유한 르네상스 시대의 나무 의자나 빈티지 철제 의자와 같이 역사적인 유물에 직접 앉아 커피를 즐길 수도 있습니다. 금박을 입힌 천사와 말로 장식된 화려한 에스프레소 기계조차 예술품에 가까운데, 이 기계는 1900년 세계박람회에 전시된 제품을 파리지가 비교적 저렴한 1,000달러에 구입한 것으로 여전히 카운터에 놓인 채 빛나고 있지만 1990년대 초 이후로 사용된 적은 한 번도 없다고 합니다. ※

THE GRAMERCY PARK HOTEL

2 LEXINGTON AVENUE
GRAMERCY PARK

그래머시 파크 호텔

📍 그래머시 파크, 렉싱턴 애비뉴 2번지

그 자체로
예술작품이 된 호텔

The Gramercy Park Hotel,
2 Lexington Avenue

뉴욕에 자리한 유일한 사유 공원인 그래머시 파크Gramercy Park 바로 옆에 위치한 그래머시 파크 호텔Gramercy Park Hotel은 누구나 한눈에 반할 만큼 화려함을 자랑합니다. 디자인 애호가인 호텔 지배인 이안 슈레거Ian Shrager의 의뢰를 받은 줄리안 슈나벨Julian Shnabel은 호텔과 바에 들어갈 가구를 전부 디자인했으며, 객실에 비치할 사진과 예술품을 선별했습니다. 그래서인지 구석구석 호텔을 살펴보면 예술을 정말 사랑하는 사람이 만들었다는 것을 단번에 느낄 수 있지요.

이 호텔에 전시된 방대한 양의 현대 예술품은 1층에 위치한 로즈 바에서 특히 돋보입니다. 장 미쉘 바스키아Jean-Michel Basquiat, 앤디 워홀Andy Warhol, 데미언 허스트Damien Hirst, 키스 해링Kiss Haring, 사이 톰블리Cy Twombly, 리처드 프린스Richard Prince, 조지 콘도George Condo, 데이비드 라샤펠David LaChapelle 등 유명한 예술가들의 작품이 다수 포함되어 있는데, 방문객들이 지루해하지 않도록 정기적으로 작품을 교체해 주고 있습니다. 또한 여성 예술가로는 유일하게 애니카 뉴웰Annika Newell의 작품이 설치되어 있습니다. 18층 응접실의 천장에 대롱대롱 매달린 수백 개의 전구가 바로 그녀의 작품인데, 공간을 집어삼킬 듯한 압도적인 분위기를 자아내고 있어 이곳을 방문한 사람들로 하여금 마치 뉴웰의 작품 속 일부가 된 듯한 기분을 느끼게 합니다.

1920년대 말에 지어진 이 호텔은 많은 저명인사가 거쳐 간 것으로도 유명합니다. 영화배우 험프리 보가트Humphrey Bogart가 이곳에서 결혼식을 올렸으며, 존 F. 케네디John F. Kennedy 전 대통령은 젊은 시절 이곳에서 몇 달 동안 머무르기도 했습니다. 또한 전 야구선수 베이브 루스Babe Ruth는 종종 이곳에서 술을 즐겼으며, 밥 말리Bob Marley와 밥 딜런Bob Dylan, 마돈나Madonna, 블론디Blondie 역시 이 호텔에 숙박하기도 했습니다. ※

HOTEL DES ARTISTES
THE LEOPARD

HOWARD CHANDLER CHRISTY
Fantasy Scenes with Naked Beauties

1 WEST 67th STREET
MIDTOWN WEST

호텔 데 자르티스트, 더 레오파드, 하워드 챈들러 크리스티,
〈나체의 미녀가 등장하는 판타지 장면〉

📍 미드타운 웨스트, 웨스트 67번 스트리트 1번지

유명 예술가들이
사랑한 호텔

Hotel des Artistes, The Leopard, Howard Chandler Christy,
Fantasy Scenes with Naked Beauties, 1928-35, 1 West 67th Street

높은 천장과 커다란 창 덕분에 객실마다 햇볕이 듬뿍 내리쬐는 호텔
데 자르티스트Hotel Des Artistes는 한때 다양한 분야의 예술가들이 머물며
작업을 하던 상소였습니다.

1918년, 여러 예술가들은 조지 모트 폴라드George Mott Pollard가 디자
인한 이 호텔의 객실에서 작업을 하고 1층에 위치한 카페 데 자르티스트Cafe
des Artistes(현재는 레오파드 데스 자르티스트)에서 식사를 하곤 했지요. 그들은
작업 도중 부엌이 갖춰져 있지 않은 위층의 스튜디오에서 식사를 하기도 했
는데, 레스토랑은 요리 운반용 승강기를 통해 정기적으로 식사를 방안으로
올려 보내고는 했습니다.

예술, 춤, 공연, 문학계 거장들은 이 호텔에 모여 함께 작업하며 즐
거운 시간을 보냈습니다. 마르셀 뒤샹Marcel Duchamp을 비롯해 조지 발란
신George Balanchine, 루돌프 발렌티노Rudolph Valentino, 패니 브라이스Fanny
Brice, 노먼 록웰Norman Rockwell 모두 이 레스토랑의 단골손님이었습니다.

이 레스토랑은 지금까지도 뉴욕의 옛 모습을 들여다볼 수 있는 매력적

인 장소로 많은 사랑을 받고 있습니다. 레스토랑의 벽에는 재즈 시대의 가장 유명한 초상화가 하워드 챈들러 크리스티Howard Chandler Christy가 이 호텔에 머물면서 그린 벽화 9점이 걸려 있는데, 그중 하나인 〈나체의 미녀가 등장하는 판타지 장면〉은 1928년에서 1935년 사이에 완성한 작품으로 나체의 님프가 자연에서 뛰노는 모습을 깁슨 걸Gibson Girl의 로맨틱한 계승 양식인 크리스티 걸Christy Girl 양식으로 담아낸 작품으로 유명합니다. ✠

● 미국 화가 찰스 다너 깁슨Charles Dana Gibson이 그린 초상화에 흔히 등장하는1890년대 의상 스타일의 여성상

MURALS on 54
DEAN CORNWELL
Sir Walter Raleigh Murals

WARWICK HOTEL
63 WEST 54th STREET
MIDTOWN WEST

54번가 벽화, 딘 콘웰, 〈월터 롤리 경 벽화〉

📍 미드타운 웨스트, 워윅 호텔, 웨스트 54번 스트리트 63번지

약삭빠른 사업가로부터
탄생한 작품

Murals on 54, Dean Cornwell, Sir Walter Raleigh Murals, 1926,
Warwick Hotel, 63 West 54th Street

1926년, 출판 중개인이었던 윌리엄 랜돌프 허스트William Randolph Hearst는 상류층 고객을 비롯해 그의 정부인 할리우드 배우 마리온 데이비스Marion Davies를 위해 호화로운 워윅 호텔Warwick Hotel을 지었습니다. 그는 영국 작가이자 탐험가인 월터 롤리 경Sir Walter Raleigh의 삶을 기리고자 삽화가 겸 벽화가인 딘 콘웰Dean Cornwell에게 월터 롤리 경 헌정 방을 예술품으로 장식해 달라고 요청했고, 이에 콘웰은 롤리 경이 1584년 엘리자베스 1세 여왕에게 작위를 수여받는 장면과 버지니아의 로어노크Roanoke 해안에 도착하는 모습으로 벽을 가득 채웠습니다.

콘웰에게 넉넉하게 작업비를 주겠다고 약속한 허스트는 벽화를 완성할 경우 10만 달러를 주겠노라 말했습니다. 하지만 약삭빠른 사업가였던 허스트는 콘웰이 이 돈을 받지 못하도록 상황을 어렵게 만들었고, 이에 불만을 품은 콘웰은 여왕을 향해 소변을 누는 남자, 벌거벗은 원주민이 엉덩이를 드러내는 모습 등 보기에 좋지 않은 장면을 벽화에 그려 넣기도 했습니다.

콘웰은 마침내 모든 작업비를 받은 뒤 이 장면들을 지웠는데, 양심을

품은 허스트는 40여 년 동안 작품의 일부를 숨겨 두었습니다. 2004년에 이 작품은 완전히 복원되어 호텔 레스토랑, 54번가 벽화**Murals on 54**에서 아침을 먹으며 감상할 수 있게 되었습니다. ❇

NATIONAL ARTS CLUB

15 GRAMERCY PARK SOUTH
GRAMERCY PARK

내셔널 아트 클럽

📍 그래머시 파크, 그래머시 파크 사우스 15번지

살아 있는
100년 예술의 역사

The National Arts Club,
15 Gramercy Park South

1898년, 열렬한 예술 지지자들이 힘을 모아 내셔널 아트 클럽National Arts Club이라는 단체를 창설했습니다. 〈뉴욕 타임스〉의 예술 비평가 찰스 드 케이Charles de Kay가 이사회를 설립하면서 탄생한 이 클럽은 예술 감상 증진을 목표로 1,200명의 회원을 소집해 1906년 그래머시 파크Gramercy Park에 자리한 아름다운 타운하우스, 새뮤얼 J. 틸던 하우스Samuel J. Tilden House에 둥지를 틀었습니다.

사교클럽이나 살롱에 여성의 입장이 허락되지 않던 시대에 여성 예술가들의 중요성을 간파하고 출범 때부터 내셔널 아트 클럽은 남녀 구별 없이 전부 화원으로 받아들였습니다. 이 클럽은 100년이 지난 지금까지도 다양한 전시와 공연, 강연, 낭독 행사를 주관하고 있으며, 예술가 및 수집가, 학자들이 모이는 품격 있는 장이 되고 있습니다. 이 클럽의 회원에게는 길 건너편 사유 공원인 그래머시 파크를 산책할 수 있는 자격도 주어집니다.

천장이 티파니 돔●으로 된 이 클럽은 살아 있는 미술관에 가까울 정도로 방대한 양의 미국 그림과 조각으로 장식되어 있습니다. 클럽의 회원으로는 수집가 헨리 프릭Henry Frick, 조각가 어거스트 세인트 고든스August Saint-Gaudens와 대니얼 체스터 프렌치Daniel Chester French, 안나 하얏트 헌팅턴Anna Hyatt Huntington, 화가 조지 벨로스George Bellows, 사진가 알프레드 스티글리츠Alfred Stieglitz, 전 미국 대통령 시어도어 루스벨트Theodore Roosevelt, 우드로 윌슨Woodrow Wilson, 드와이드 아이젠하워Dwight D. Eisenhower 등이 있습니다.

벽마다 가구와 반신상, 그림, 조각으로 가득한 이 타운하우스는 1900년대 초 퇴폐적인 분위기를 간직한 가운데 현대적인 프로그램을 상시 운영하고 있어 공개 행사나 강연이 열릴 때면 회원이 아닌 사람도 입장이 가능합니다. 또 일 년에 한 번 일반인에게 그래머시 파크 입장이 허가되니, 개방하는 시기를 미리 확인하고 방문해 이 아름다운 장소를 마음껏 즐겨보시기 바랍니다. ※

● 반투명한 모자이크 돔

101

ST. REGIS HOTEL

2 EAST 55th STREET
MIDTOWN

세인트 레지스 호텔

📍 미드타운, 이스트 55번 스트리트 2번지

화려함을 담은
뉴욕 초현실주의의 중심지

St. Regis Hotel,
2 East 55th Street

　　잘 보존된 하나의 유물처럼 보이는 세인트 레지스 호텔St. Regis Hotel은 화려하고 웅장한 장식이 돋보입니다. 미국의 역사 깊은 부호인 애스터Astors 가문과 록펠러Rockerfellers 가문이 다소 허세가 담긴 손길로 뉴욕 전역에 돈을 쏟아붓던 당시 대표적인 유물이기도 하지요.

　　1912년 타이타닉호에 탑승하며 안타깝게 사망하기 전까지 전 세계에서 가장 부유한 사람 중 한 명이었던 존 제이콥 애스터 4세John Jacob Astor IV는 1904년, 센트럴 파크 근처 부유한 동네에 월도프 아스토리아Waldorf Astoria에 버금가는 세인트 레지스 호텔을 지었습니다. 애스터는 프랑스 보자르 양식의 이 호텔을 바닥에서 천장까지, 과하게 꾸민 몰딩과 트롱프뢰유trope l'oeil● 그림에 이르기까지 아주 화려하게 꾸몄습니다.

　　건물의 소유주가 여러 차례 바뀌었음에도 당시 장식은 여전히 대부분 그대로 남아 있습니다. 밀리어네스 로우Millionaire's Row●● 시대는 오래전에 막을 내렸을지 모르지만, 세인트 레지스 호텔이 팝 문화와 예술의 역사에 미치는 영향은 지금까지도 막대하다 할 수 있습니다. 이 호텔은 뉴욕에서 25달러짜리 칵테일을 즐길 수 있는 가장 화려한 장소이기도 합니다.

　　세인트 레지스 호텔은 우연찮게 뉴욕 초현실주의의 중심지가 되기도 했습니다. 살바도르 달리Salvador Dali와 아내 갈라가 1934년부터 매해 겨울, 이 호텔 1610호에 머물면서 세인트 레지스 호텔은 달리의 불가사의한 영향력 아래 구세계의 화려함과 초현실주의자들의 현대성이 융합된 장소로 떠올랐습니다. 이는 달리와 함께 이 호텔에 살았던 오실롯(소형 고양잇과 동물로 표범과 비슷한 무늬가 있는 야생 고양이) '바부'의 존재 때문이기도 했고, 살아 있는 전설을 방문하러 그의 방을 드나들던 예술계 종사자들의 끊이지 않는 발길 덕분이기도 했습니다.

　　달리는 세인트 레지스 호텔을 그의 거처이자 작업실로 삼았으며 이곳에서 줄리앙 레비 갤러리Julian Levy Gallery와 현대미술관Museum of Modern Art에 전시할 작품들을 작업했습니다. 달리는 이곳에서 천재적인 초현실주의자의 면모를 현실적으로 구현하기도 했습니다.

　　달리는 죽은 벌로 만든 옷을 입고 호텔 복도를 돌아다녔다고 하며, 사라 베르나르Sarah Bernhardt의 화려한 지팡이를 손에 들고 수염은 하늘 끝까지 올라가도록 빳빳하게 세운 채 팬들에게 사인을 해 주었으며, 아무 생각 없이 지나가는 사람에게 억지로 사인을 건네기도 했다고 합니다.

　　달리가 지닌 이 독특한 화려함은 뉴욕이라는 도시에 꼭 들어맞았고 호화로운 세인트 레지스 호텔은 이 예술가와 뉴욕을 엮어주는 이상적인 촉매제가 되었던 것입니다. ※

● 실물과 구별할 수 없을 만큼 정밀하게 묘사한 그림
●● 강가나 언덕을 따라 지어진 고급 주택 단지

MAXFIELD PARRISH
Old King Cole
ST. REGIS HOTEL
2 EAST 55th STREET
MIDTOWN

OLD KING COLE

맥시필드 패리쉬, 〈올드 킹 콜〉

📍 미드타운, 세인트 레지스 호텔, 이스트 55번 스트리트 2번지

블러디 메리의
시초

세인트 레지스 호텔에 위치한 킹 콜 바King Cole Bar에 가면 맥스필드
패리쉬Maxfield Parrish의 유명한 벽화 〈올드 킹 콜〉을 마음껏 감상할 수 있
습니다. 작품의 이름을 따서 지은 바의 뒷벽에 걸려 있는 이 작품은 패리쉬
특유의 강렬한 색상으로 우리를 맞이하지요. 이곳을 찾는 손님들은 미술관
에서와 달리 독한 술을 마시며 원작이 뿜어내는 생생한 색감을 즐길 수 있습
니다.

이 거대한 벽화는 결백해 보이지만 그 뒤에는 꽤 놀랄 만한 이야기가
숨어 있습니다. 퀘이커 교도인 패리쉬 애스터는 문을 연 지 얼마 안 된 네덜
란드계 니커보커스 호텔●에 벽화를 그려달라는 제안을 받자 망설이게 됩니
다. 애스터가 5,000달러라는 거액을 약속하고 나서야 패리쉬는 마침내 그의
제안을 받아들이지만 미묘하고 비밀스런 저항을 잊지 않았습니다.

애스터의 다른 호텔들이 문을 닫은 후 세인트 레지스 호텔로 옮겨진
이 벽화의 중앙에는 콜 왕이 앉아 있고, 양옆에는 두 명의 어릿광대가 서 있
습니다. 자세히 들여다보면 이들이 히죽히죽 웃고 있는 것을 볼 수 있는데, 패

리쉬가 애스터에게 영원히 남을 메시지를 전한 듯 보입니다. 게다가 왕좌에 앉은 콜 왕은 가운 아래로 방귀 냄새를 풍기고 이 모습에 수행원은 킥킥 웃고 있는데, 이는 이 벽화 아래서 근사한 칵테일을 마시고 있는 우리를 향해 웃는 것이기도 하지요. 애스터를 향한 이 농담, 우리를 향한 이 농담은 에스터가 남긴 무언의 장치로서 그는 무덤에 누워서도 우리에게 웃음을 선사하고 있는 것입니다.

이 전설적인 벽화 아래에서 바텐더 페르난드 페티오Fernand Petiot는 1934년 뉴욕에 최초로 블러디 메리Bloody Mary를 선보였습니다. 이 바는 훗날 이 칵테일의 이름을 보다 고상한 '레드 스내퍼Red Snapper'로 바꾸었지만 페티오가 개발한 원조 칵테일도 계속해서 판매하고 있습니다. ✳

• 1906년 이 작품이 원래 걸렸던 호텔

3장

비밀을 품은
조각품

출근길에, 운동하러 가는 길에, 데이트하러 가는 길에,
집으로 다시 돌아오는 길에 우리는 날마다 유명한 조각품을 만난다.
바쁜 일상 속에 우리는 이 작품들을 못 본 채 지나가는 경우가 많지만,
이 조각들은 저마다의 비밀을 간직한 채 우리를 기다리고 있다.
로어 맨해튼의 한가운데 위치한 한 조각상은
원래 무게가 3.2톤이나 나가는 불법 거리 예술품이었다!
역사상 가장 유명한 예술가로 여겨지는 한 조각가는
뉴욕에 발을 들여놓지도 않은 채
뉴욕을 위해 거대한 조각품을 제작하기도 했다.
센트럴 파크에서 가장 오래된 또 다른 조각품은 설치되었을 당시에
비난을 받으며 모두에게서 "불쾌하다"는 평을 들었으며
너무 외설스럽다고 여겨져 뉴욕이 아니라
위스콘신에 설치된 작품도 있었다.

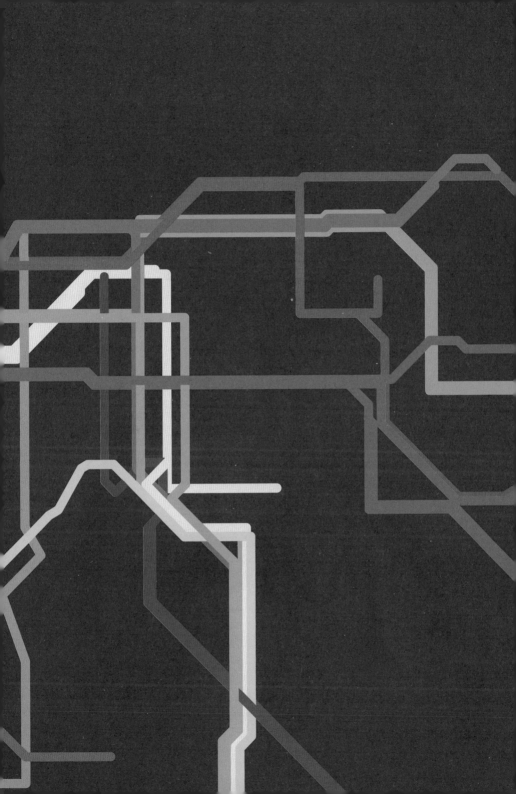

ALEXANDER CALDER
Saurien

590 MADISON AVENUE
at 57th STREET
MIDTOWN EAST

알렉산더 칼더, 〈사우리엔〉

📍 미드타운 이스트, 57번 스트리트, 매디슨 애비뉴 590번지

박제된 공룡의
포효

Alexander Calder, Saurien, 1975,
590 Madison Avenue at 57th Street

매디슨 애비뉴와 57번 스트리트가 만나는 교차로에 위치한 IBM 건물 입구, 캔틸레버cantilever 아래에는 알렉산더 칼더의 밝은 오렌지색 조각상이 다리를 뻗고 있습니다. 이곳을 지나가는 사람이라면 이 작품 주위를 걷거나 그 아래에 들어가고 싶은 욕망을 억누를 수 없을지도 모르겠습니다. 〈사우리엔Saurien〉(거대한 파충류Saurian를 뜻하는 프랑스어)이라는 제목의 이 작품은 공룡 스테고사우르스의 등줄기를 따라 난 골판처럼 스파이크가 5.5미터에 달하는 조형물의 등 위로 솟아 있습니다.

칼더는 움직이는 조각품으로 유명하지만 '스태빌stabiles'●도 만들었습니다. 〈사우리엔〉은 그가 만든 대표적인 정적인 작품이죠. 그의 작업실에서 1975년에 완성되어 이곳으로 옮겨진 이 작품은 바쁜 도로에 자리한 채 지나가는 사람들의 눈을 즐겁게 해주고 있습니다. ❋

●금속판·철선·목재 등으로 만드는 정지된 추상 조각

ARTURO DI MODICA
Charging Bull
26 BROADWAY
LOWER MANHATTAN

아르투로 디 모디카, 〈돌진하는 황소상〉

📍 로어 맨해튼, 브로드웨이 26번지

뉴욕의 랜드마크가 된
황소

Arturo Di Modica, Charging Bull, 1989,
26 Broadway

로어 맨해튼의 볼링 그린Bowling Green 근처에 자리하고 있는 거대한 청동 황소상은 뉴욕에서 가장 많은 사람이 찾는 조형물 중 하나입니다. 대부분의 사람들이 모르는 사실은 5미터에 달하는 이 거대한 조각상이 원래는 게릴라 예술품●이었다는 사실입니다.

1987년 주식시장 붕괴 이후 아르투로 디 모디카Arturo Di Modica 는 36만 달러를 들여 3.2톤에 달하는 이 조각품을 만들었습니다. 그는 뉴욕 주민들에게 '미국인의 저력'을 상징하는 작품을 선사하고 싶었던 겁니다. 1989년 브루클린에서 〈돌진하는 황소상Chargning Bull〉을 주조한 디 모디카는 월스트리스 근처에 자리한 거대한 크리스마스트리 아래 이 조각상을 직접 옮겨다 놓았습니다. 뉴욕에 주는 일종의 크리스마스 선물이었던 것이죠.

처음에 경찰은 이 작품을 몰수해 압류 장소로 끌고 갔습니다. 하지만 대중은 이미 아르투로 디 모디카의 작품에 푹 빠진 상태였죠. 대중의 항의가 거세지자 뉴욕시 당국은 현 위치(스탠다드 오일 건물 앞)에 이 작품을 설치하게 됩니다. 엄밀히 말하면 이 조각상은 1989년에 임시 허가를 받은 상태로

언제든 철거가 가능하지만, 이제는 당당히 로어 맨해튼의 상징물로 자리 잡아버렸지요. ❋

• 공공장소에 예술작품을 놓고 사라진다든지, 몰래 벽에 낙서를 하고 도망 다닌다든지 하는 예술

AUGUSTE RODIN
The Thinker

COLUMBIA UNIVERSITY
1150 AMSTERDAM AVENUE

UPPER WEST SIDE

오귀스트 로댕, 〈생각하는 사람〉

📍 어퍼 웨스트 사이드, 콜롬비아 대학교, 암스테르담 애비뉴 1150번지

뉴욕에 세워진
지성주의의 상징

Auguste Rodin, The Thinker, 1930,
Columbia University, 1150 Amsterdam Avenue

로댕의 〈생각하는 사람The Thinker〉은 세상에서 가장 유명한 조각상 중 하나로 뉴욕에도 있습니다. 1930년 콜롬비아대학교 필로소피 홀 앞에 설치된 청동 조각상이 바로 그것입니다.

우아한 이 조각상은 원래 로댕의 또 다른 작품인 〈지옥의 문The Gate of Hell〉 앞에서 생각에 잠긴 단테를 표현한 것이었지만, 어느 순간 사회주의의 상징이 되었습니다. 1900년대 초 사회가 대변동을 겪는 동안 파리 판테온에 복제품이 설치되면서 노동계층의 영웅으로 진화한 것입니다. 그때 이후로 이 조각상은 지성주의의 상징이 되었고 화장실에 앉아 볼일을 보며 생각에 푹 빠진 사람으로 취급받기도 했습니다. ※

AUGUSTUS LUKEMAN
Straus Park Monument
Audrey Munson
BROADWAY at 106th STREET
UPPER WEST SIDE

오거스투스 루크먼, 〈스트라우스 파크 기념비(오드리 먼슨)〉

📍 어퍼 웨스트 사이드, 브로드웨이, 106번 스트리트

화려하게 살다 쓸쓸하게 삶을 마감한
아름다운 배우의 운명

Augustus Lukeman, Straus Park Monument (Audrey Munson), 1915,
Broadway at 106th Street

어퍼 웨스트 사이드에 위치한 스트라우스 파크Straus Park에 가면 미
국 최초의 슈퍼모델이 바다 님프처럼 연못을 내려다보고 있는 모습의 조
각상을 만날 수 있습니다. 쓸쓸해 보이는 이 청동 조각상은 1900년대 예술
가들이 가장 선호했던 모델이자 20세기의 뮤즈인 오드리 먼슨Audrey Mun-
son입니다.

그녀의 모습이 담긴 조각상은 뉴욕 곳곳에 설치되어 있는데, 로어 맨
해튼의 맨해튼 청사 빌딩 꼭대기에 설치된 거대한 청동상 〈시민의 명성Civic
Fame〉, 센트럴 파크 남서쪽 입구에 설치된 〈메인Maine〉 기념비도 그중 하나
입니다. 조각상에서 드러나는 먼슨의 정적인 자세와 숨이 멎을 듯 아찔한 굴
곡은 시대를 거슬러 모두의 경탄을 자아냅니다. 1913년까지 그녀는 뉴욕에
서 가장 아름다운 여성으로 여겨졌으며 알렉산더 스털링 칼더Alexander Stir-
ling Calder는 파나마-퍼시픽 국제 박람회에 출품할 조각상의 60퍼센트를 그
녀를 모델로 제작하기도 했습니다.

오거스투스 루크먼Augustus Lukeman이 1915년에 조각한 이 새침한 조

각상은 이시도르 스트라우스Isidor Straus와 그의 아내 아이다Ida를 기리기 위한 작품입니다.[*] 1912년 스트라우스 부부는 안타까운 운명을 맞이한 타이타닉호에 탑승했는데, 연로했던 그들은 젊은 여성이나 아이들에게 자리를 내주며 구명보트에 타기를 거부했습니다. 아이다는 남편의 곁을 떠나지 않았고 그들은 이 작품에서 기린 것처럼 시적이지만 비극적인 죽음을 맞이했습니다.

한편, 먼슨의 삶은 비극적이었습니다. 1910~1920년 사이 전성기를 구가한 그녀는 여러 영화에 도전했으나 거듭 실패했고 여성 최초로 누드 영화에 출연한 이후 사람들에게 외면받았습니다. 어머니와 하숙집에 거주하는 동안 몇 번의 스캔들에 연루되기도 했고, 연인이었던 사람의 명예를 훼손하기 위해 미국 국무부에 터무니없는 편지를 보내는 등 정신 상태는 더욱 안 좋아졌죠. 1919년에는 집주인이 그녀와 결혼하려고 아내를 살해하는 일이 발생했는데, 먼슨은 자신이 이 사건과 아무런 관련이 없다고 주장했으나 이 재판은 그녀의 경력에 치명타를 입히고 말았습니다.

그 후로 먼슨은 어떠한 일자리도 구하지 못했고 삶은 갈수록 피폐해졌습니다. 1931년 먼슨의 어머니는 마흔 살의 그녀를 정신 병원에 입원시켰고, 결국 먼슨은 그곳에서 쓸쓸하게 살다가 104살의 나이로 삶을 마감했습니다. 〈타이타닉〉이 맞이한 운명처럼 한때 예술계를 대변하던 그녀의 얼굴도 그렇게 침몰하고 말았지요. 스트라우스 부부는 예술계의 현대적인 뮤즈와 기억을 공유하게 되리라고는 차마 예상하지 못했을 겁니다. ※

[*] 아이다는 이시도르의 형제들과 메이시스 백화점을 소유한 인물이다.

CHRISTOPHE FRATIN
Eagles & Prey
CENTRAL PARK
near WEST 70th & RUMSEY PLAYFIELD

크리스토퍼 프라틴, 〈독수리와 먹잇감〉

📍 센트럴 파크, 웨스트 70번 스트리트 & 럼지 플레이필드

완벽한 표현력으로 불쾌감을 주는
동물의 조각상

Christophe Fratin, Eagles and Prey, 1850,
Central Park near West 70th Street and Rumsey Playfield

조경사 프레드릭 로 옴스테드 Frederic Law Olmsted와 건축가 칼버트 보우 Clavert Vaux 덕분에 꼼꼼하게 설계되고 조경된 센트럴 파크에는 1863년 이후로 조각품들이 자리하기 시작했습니다.

그중 가장 오래된 조각품인 〈독수리와 먹잇감 Eagle & Prey〉은 꽤나 현실적이며 다소 불쾌하기까지 합니다. 1850년에 파리에서 주조된 이 작품은 두 마리의 독수리가 날개를 활짝 편 채 운 없는 염소를 향해 발톱을 들이대는 모습인데요. 청동상이기는 하지만 독수리 깃털과 염소 털이 꽤 섬세하게 표현되어 있어 조각이 아니라 흡사 박제품처럼 보이기도 합니다.

사실 크리스토퍼 프라틴 Christophe Fratin은 박제사의 아들로 조각품을 제작하는 과정에서 아버지의 영향을 받았던 것으로 보입니다. 당시에는 조각에 허용된 유일한 형태가 인간이었기에 그의 작품은 제대로 평가받지 못했지만, 제조업계의 거물 고든 웹스터 번햄 Gordon Webster Burnham이 자신의 부를 과시하기 위해 프라틴에게 이 작품을 의뢰한 뒤 13년 후 뉴욕시에 기부하면서 더 유명해졌습니다. ※

FRITZ KOENIG
The Sphere

LIBERTY PARK
155 CEDAR STREET
LOWER MANHATTAN

프리츠 쾨닝, 〈구〉

📍 로어 맨해튼, 리버티 파크, 시더 스트리트 155번지

뉴욕의 저력을 보여주는
상징물

Fritz Koenig, The Sphere, 1971,
Liberty Park, 155 Cedar Street

프리츠 쾨닝Fritz Koenig이 제작한 거대한 구릿빛 조각품,〈구The Sphere〉는 1973년부터 2001년 9·11 테러가 발생하기 전까지 월드 트레이드 센터 쌍둥이 건물 사이에 조용히 서 있었습니다. 약 7미디기 넘는 높이의 이 조각품은 52개의 황동 조각으로 이루어졌으며 메카의 대성전Mosque of Mecca을 모방한 미노루 야마사키|Minoru Yamasaki의 분수대 위에 놓인 채 24시간에 한 번씩 회전하곤 했습니다.

쌍둥이 건물이 무너졌을 때 2만 킬로그램이 넘는 이 조각 역시 붕괴되었습니다. 그리고 나중에 비행기 좌석을 그 위에 얹은 서정적인 모습으로 발견되었습니다. 다행히 구조가 망가지지는 않았던 이 조각품은 복원을 위해 창고로 옮겨졌는데 자세히 살펴보기 시작하자 전쟁의 상처가 곳곳에서 발견되었습니다. 하지만 그날의 참상을 보여주기 위해 복원하지 않은 채 파손된 상태 그대로 다시 설치하기로 결정이 났고, 그렇게 이 작품은 뉴욕의 저력을 보여주는 상징물이자 기념비가 되었습니다. 아이러니하게도 쾨닝은 원래 이 조각이 세계 평화를 상징하기를 바랐다고 하네요.

15년 동안 배터리 파크 Battery Park에서 〈영원히 꺼지지 않는 불꽃 Eternal Flame〉의 옆자리를 지켰던 이 작품은 이제 리버티 파크 내 9·11 기념관 옆, 원래 위치와 더 가까운 곳에 영원히 자리하게 되었습니다. ※

GEORGE SEGAL
Gay Liberation Monument
53 CHRISTOPHER STREET
GREENWICH VILLAGE

조지 시걸, 〈게이 해방 운동〉

📍 그리니치 빌리지, 크리스토퍼 스트리트 53번지

도시 공원을 대표하는
성소수자들의 조각

George Segal, Gay Liberation Monument, 1980,
Christopher Park, 53 Christopher Street

그 유명한 스톤월 인Stonewall Inn● 맞은편, 크리스토퍼 파크 안에는 두 명의 남성이 친밀한 대화를 나누고 있는 모습의 동상이 있습니다. 그 옆 벤치에는 두 명의 여성이 다정하게 앉아 있는 모습의 동상도 찾아볼 수 있습니다. 조지 시걸Jeorge Sega의 작품답게 흰색으로 칠해진 이 동상들은 1979년 밀드레드 앤드류 기금Mildred Andrews Fund에서 스톤월 항쟁 10주년 기념으로 의뢰한 작품입니다. 스톤월 항쟁은 게이 해방 운동으로 이어진 일련의 폭력적인 봉기로 이 운동이 있은 다음 날, 게이 인권 운동의 발화점이 된 게이 레즈비언 프라이드 퍼레이드가 최초로 열리기도 했습니다.

해당 단체의 유일한 요구사항은 이 조각이 "사랑스럽고 다정해야 하며 동성애자 특유의 애정을 보여줘야 한다는 것"과 "남성과 여성을 모두 보여줘야 한다는 것"이었다고 합니다. 1980년에 완성된 이 작품은 뉴욕 내에서 큰 논란을 낳았고, 결국 1986년에서 1991년 사이에는 위스콘신주의 매디슨에 설치되었습니다.

1992년 마침내 뉴욕에 입성한 동상은 LGBTQ●● 권리에 헌정하는 최초의 공공작품이자 크리스토퍼 파크를 상징하는 대표적인 작품이 되었습니다. 이 작은 공원은 대중에게 개방되어 있으며 스톤월 인 역시 아직까지 영업 중입니다. ✖

● 그리니치 빌리지에 자리한 게이바. 스톤월 항쟁이 처음 시작된 장소

●● 레즈비언Lesbian, 게이Gay, 양성애자Bisexual, 트랜스젠더Transgender, 성소수자 전반Queer, 성정체성에 갈등하는 사람Questioning을 합하여 부르는 단어

ISAMU NOGUCHI
Red Cube

140 BROADWAY
LOWER MANHATTAN

이사무 노구치, 〈붉은 큐브〉

📍 로어 맨해튼, 브로드웨이 140번지

다방면에서 활동한 조각가의
성공적인 공공작품

Isamu Noguchi, Red Cube, 1968,
140 Broadway

이사무 노구치는 1920년대부터 1988년 사망하기 전까지 수많은 작품을 남겼습니다. 일본 시인 요네 노구치 Yone Noguchi와 이혼한 후 미국인 어머니와 함께 일본에서 사란 그는 뉴욕에서 조가 수업을 들으며 재능이 발현되기 전까지만 해도 예술가가 되어서는 안 된다는 말을 들으며 자랐습니다.

콘스탄틴 브랑쿠시 Constantin Brancusi는 젊었던 노구치를 파리로 불러들여 자신의 조수로 삼았고 그의 가르침 아래 노구치는 돌을 다루는 기술을 익혀나갔습니다. 브랑구치는 노구치의 다른 작품에도 큰 영향을 미쳤는데, 덕분에 노구치는 석재 조각에서 조경, 가구, 건축, 무대 디자인으로까지 활동 영역을 넓혀나가게 됩니다.

노구치는 공공 예술 프로그램에 여러 번 도전했으나 번번이 실패했습니다. 그러던 중 〈붉은 큐브 Red Cube〉가 마침내 높은 벽을 통과하며 1968년 공공장소에 설치되었습니다. 왜곡된 상자 모양의 붉은색 큐브는 검은색이나 갈색 마천루를 배경으로 삼아 상당히 눈에 띕니다. 조경 설계의 경험을 살려 만들어낸 〈붉은 큐브〉를 통해 예술과 건축을 접목시킨 것이죠. 큐브 뒤편의 회색 구멍으로 건물을 들여다보고 있으면 그의 의도가 확실히 느껴집니다.

조각의 의미가 주사위를 상징한다는 말도 있습니다. 그렇게 본다면 확률 게임인 주사위의 배경으로 뉴욕의 금융가만큼 적절한 장소도 없을 것입니다. ✻

j. SEWARD JOHNSON
Double Check

NW CORNER of
LIBERTY STREET & BROADWAY

LOWER MANHATTAN

J. 시워드 존슨, 〈더블 체크〉

📍 로어 맨해튼, 리버티 스트리트와 브로드웨이가 만나는 북서쪽 교차로

테러에도 살아남은
평범한 직장인을 담은 동상

J. Seward Johnson, Double Check, 1982,
northwest corner Liberty Street and Broadway

존슨 & 존슨 가문의 J. 시워드 존슨J. Seward Johnson은 가업인 샴푸 사업에 몸담는 대신 예술가의 길을 걸었습니다. 그의 모든 작품은 실물 크기의 청동 조각으로 평범한 사람이 일상적인 업무를 수행하는 모습을 담고 있습니다. 그중 사업가가 서류를 들고 앉아 있는 조각상 〈더블 체크Double Check〉는 1980년대 로어 맨해튼에서 쉽게 볼 수 있는 모습으로 정장을 입은 남자가 회의에 들어가기 전 커다란 계산기와 구식 녹음기, 서류를 재점검하는 장면을 담았습니다.

평범하기 그지없는 그의 조각상은 9·11 테러 상황에서도 살아남으면서 기념비가 되기도 했습니다. 생존자를 수색하던 응급 구조대원들이 잔해 속에서 발견된 이 조각상을 사람으로 착각했다고 합니다.

당국이 로어 맨해튼 지역을 정리하는 동안 안전한 보존을 위해 존슨의 작업실로 옮겨진 조각상은 상처 난 모습 그대로 주코티 파크로 다시 옮겨졌고 그렇게 비극적인 날을 상기시키는 기념물이 되었습니다. 그 후 한 블록 떨어진 곳으로 다시 옮겨지며 명판도 함께 설치되었습니다. ✖

JEAN DUBUFFET
Group of Four Trees
ONE CHASE MANHATTAN PLAZA
LOWER MANHATTAN

장 뒤뷔페, 〈네 그루의 나무〉

📍 로어 맨해튼, 원 체이스 맨해튼 플라자

금융가 늑대들에게
허락된 호사

Jean Dubuffet, Group of Four Trees, 1969-72,
One Chase Manhattan Plaza

마법과도 같은 도시 뉴욕은 온갖 종류의 꿈을 안고 이곳으로 향하는 사람들의 에너지로 들끓습니다. 예술가 지망생, 부동산 재벌을 꿈꾸는 사람, 큰 기회를 노리는 배우, 초기 투자금을 찾는 금융가 등 각기 다른 꿈을 욕망하지만 성공하고 싶은 마음만은 모두 같습니다. 그 같은 무리 중 하나인 금융가의 늑대들은 체이스 맨해튼 플라자를 지키는 커다란 조각을 지나가면서 장 뒤뷔페Jean Dubuffet의 작품을 매일 감상하는 호사를 누리지요.

플라자 건물 앞에 세워진 흑백 조각품 〈네 그루의 나무Group of Four Trees〉는 컬러링 북에서 막 튀어나온 듯한 모습으로 거대한 문 앞에 우뚝 서 있습니다. 몇 개 층 높이까지 솟아 있는 곡선형의 조각들이 모여 3차원의 울창한 숲을 형성하는데 눈에 띄게 두꺼운 검은 선은 마치 칠을 해달라고 애원하는 듯합니다.

1972년에 설치된 이 조각품은 이곳을 지나가는 사람들에게 그 아래로 들어와 놀다 가라고 손짓하고 있습니다. 마침 그 앞을 지나가는 길이라면 나무가 드리우는 그늘 아래서 잠시 쉬었다 가는 건 어떨까요. ✖

JEFF KOONS
Balloon Flower (Red)

7 WORLD TRADE CENTER
LOWER MANHATTAN

제프 쿤, 〈꽃 풍선(붉은 색)〉

📍 로어 맨해튼, 7 월드 트레이드 센터

한여름 열기를 식혀주는
조각품

Jeff Koons, Balloon Flower (Red), 1995–2000,
7 World Trade Center, 250 Greenwich Street

세계무역센터 앞에 설치된 분수대에 가면 한가운데 커다란 붉은 풍선이 반짝이고 있는 모습을 볼 수 있습니다. 유명한 예술가 제프 쿤Jeff Koons의 축하 시리즈 중 하나인 〈꽃 풍선Balloon Flower(Red)〉으로 스테인리스에 특수 광택을 입혀 말랑말랑한 풍선처럼 보이도록 만든 작품입니다.

3미터에 달하는 이 작품은 여섯 개의 꽃잎으로 이루어져 있으며 풍선의 끝으로 생각되는 '줄기'가 하늘을 향해 45도 각도로 솟아 있습니다. 반짝이는 표면은 관람객의 모습을 반사하려는 것이지만 그 뒤로 솟아 있는 마천루 역시 〈꽃 풍선〉의 표면을 따라 반사되어 있습니다.

이 작품이 설치된 얕은 분수대는 누구라도 발을 담글 수 있습니다. 한여름의 열기를 식혀주는 이 조각품은 9·11 희생자를 기리기 위한 작품이기도 합니다. ✖

jIM DINE
Looking Toward the Avenue

1301 SIXTH AVENUE
MIDTOWN WEST

짐 다인, 〈길 바라보기〉

📍 미드타운 웨스트, 식스 애비뉴 1301번지

머리와 팔을 잘라
차별화를 꾀한 예술가

Jim Dine, Looking Toward the Avenue, 1989,
1301 Sixth Avenue

1960년대 초 뉴욕의 팝아트 운동에 앞장선 짐 다인Jim Dine의 공공 예술작품에는 클래식한 면이 있습니다. 6번 애비뉴를 따라 늘어선 강철 건물들 사이로 우뚝 솟아 있는 세 점의 조각상은 그의 대표적인 작품으로 안티오크의 알렉산드로스Alexandros of Antioch가 선보인 밀로의 비너스Venus de Milo와 닮았지만 조금 다른 모습입니다.

각각 4미터, 5미터, 7미터로 솟아 있는 다인의 아프로디테들 〈길 바라보기(Looking Toward the Avenue)〉는 산화된 파티나로 덮여 있으며 흠이나 긁힌 자국 등이 밀로의 비너스와 같은 모습으로 제작되었습니다. 하지만 그리스 시대 밀로의 비너스와는 달리 미드타운에 서 있는 조각상은 팔뿐만 아니라 머리도 없습니다.

다인은 머리를 없애면 다양한 감정을 투영하는 백지를 구현할 수 있다고 생각했습니다. 너무나도 유명한 기존 작품과 차별화하기 위한 나름의 전략으로 보입니다. ※

JOAN MIRÓ
Moonbird
14-40 WEST 58th STREET
MIDTOWN WEST

호안 미로, 〈문버드〉

📍 미드타운 웨스트, 웨스트 58번 스트리트 14-40번지

고대 다산의 여신을 닮은 굴곡진 조각품

Joan Miró, Moonbird, 1966,
14-40 West 58th Street

화려한 플라자 호텔 맞은편, 솔로 건물의 북쪽 입구에는 호안 미로Joan Miro의 4미터짜리 〈문버드Moonbird〉가 세워져 있습니다. 원래 이곳에는 58번 스트리트를 따라 걷는 행인들의 머리 위로 알렉산더 칼더의 작품이 위태롭게 서 있었습니다. 그런데 하루는 거센 돌풍이 불어와 이 조각품을 넘어뜨리고 말았지요. 이 작품이 행인들의 목숨을 앗아갈 뻔했다고 판단한 솔로는 여기에 보다 안전한 작품을 설치해야겠다고 생각했습니다.

원래 미로의 팬이었던 솔로는 2미터로 제작된 〈문버드〉를 개인적으로 소장하고 있었습니다. 더 큰 조각품이 있다는 얘기를 들은 그는 곧바로 이 작품을 사들여 건물 앞에 설치했습니다. 일부는 동물, 일부는 사람, 일부는 판타지에 등장하는 생명체를 닮은 고대 다산의 여신을 떠올리게 하는 굴곡진 조각품입니다. 얼굴이 달 모양을 닮았다고 해서 〈문버드〉라는 이름이 붙었는데 미로는 초현실주의와 고대 예술을 향한 관심을 담아 밑그림 없이 곧바로 이 작품을 조각했다고 합니다. ❋

JOSEPH BEUYS
7,000 Oaks

22nd STREET between
TENTH & ELEVENTH AVENUES
CHELSEA

요셉 보이스, 〈7천 그루의 참나무〉

📍 첼시, 22번 스트리트, 10번, 11번 애비뉴 사이

하나의 예술작품이 된
가로수길

Joseph Beuys, 7,000 Oaks, 1988-96,
22nd Street between Tenth and Eleventh Avenues

첼시 갤러리가 있는 22번 스트리트에는 갤러리를 돌아다니는 사람들에게 그늘을 제공해주는 가로수길이 들어서 있습니다. 그 가로수길은 그야말로 하나의 예술품입니다. 10번과 11번 애비뉴 사이에 심어진 37그루의 나무와 그 옆에 놓인 37개의 현무암 비석은 사실 요셉 보이스Joseph Beuys의 〈7천 그루의 참나무〉라는 프로젝트의 일환으로 만들어졌죠. 이는 1982년 독일 카셀에서 열린 세계 미술제, 도큐멘트 7Documenta 7에서 시작되었습니다.

전후 독일에서 가장 중요한 예술가로 알려진 요셉 보이스는 조각가이자 행위 예술가, 설치 예술가, 그래픽 예술가, 예술 이론가입니다. 그는 회색 펠트를 이용한 작품과 소호 갤러리에서 코요테와 사흘을 함께 보낸 행위 예술로 유명합니다.◆

보이스는 사회개혁가이기도 했습니다. 그래서 카셀에 위치한 〈7천 그루의 참나무〉는 '사회적인 미술 조각'으로 제작되었죠. 그는 인류의 보편적인 창의성을 통해 개혁적인 변화가 가능하다고 믿었습니다. 나무를 작품에 활용하면 전 세계 도시 재생을 촉진하는 데에도 기여할 수 있을 거라 생각한 것입니다.

　1988년 디아 재단은 카셀에서 시작된 이 프로젝트를 뉴욕 22번 스트리트에서 이어갔고 1996년 마무리 지었습니다. 다섯 그루의 나무와 다섯 개의 현무암 바위로 시작된 가로수길 작업은 8년 후 25개의 비석과 함께 은행나무, 린덴 나무, 영국배 나무, 플라타너스, 너도밤나무, 북가시나무, 느릅나무, 수엽나무 등 25그루의 나무를 심으면서 완성되었습니다. 그 후 기존에 설치한 7그루의 나무 옆에도 현무암 바위가 설치되면서 총 37그루의 나무와 37개의 비석이 완성되었습니다. 번잡한 첼시 예술 지구에 잘 어울리는 또 하나의 예술품이라 하겠습니다. ※

◆〈나는 미국을 좋아하고 미국은 나를 좋아한다 I Like America and America Likes Me〉

KARL BITTER & THOMAS HASTINGS

Pulitzer Fountain

FIFTH AVENUE & 59th STREET
CENTRAL PARK

칼 비터 & 토마스 헤이스팅스, 〈퓰리처 분수대〉

📍 센트럴 파크, 5번 애비뉴 & 59번 스트리트

부의 상징이 된
분수대

Karl Bitter and Thomas Hastings, Pulitzer Fountain, 1915–16,
Fifth Avenue and 59th Street

조셉 퓰리처는 자신이 죽으면 센트럴 파크 북동쪽에 위치한 그랜드 아미 플라자Grand Army Plaza에 자신을 기리는 퓰리처 분수대Pulitzer Fountain를 세워달라는 유서와 함께 5만 달러를 남겼습니다. 그는 '파리의 콩고르드 광장에 설치된 분수대'처럼 만들어달라고 요청했다고 하네요. 디자인 경합 결과 칼 비터Karl Bitter와 토마스 헤이스팅스Thomas Hastings의 작품이 선정되어 1916년에 설치되었는데, 비터는 이 광장이 대칭이 되기를 바랐고 결국 금박의 셔먼 기념비Sherman Monument는 지금의 자리에서 5미터 떨어진 서쪽으로 옮겨졌습니다.

퓰리처의 부를 반영하는 듯한 청동상은 로마 풍요의 여신 포모나Pomona의 모습을 하고 있습니다. 포모나가 물을 떠서 아래 분수대로 흘려보내고 있는데, 부와 물질적 평안이라는 메시지를 강조하기 위해 뿔이 여러 개 달린 숫양의 머리가 옆에 자리하고 있습니다.

조각상의 위치 또한 상당히 상징적인데요. 부의 상징인 플라자 호텔 앞, 센트럴 파크 맞은편에 자리하고 있습니다. �֎

LOUISE BOURGEOIS
Eyes

BATTERY PARK
LOWER MANHATTAN

루이즈 부르주아, 〈눈〉

📍 로어 맨해튼, 배터리 파크

묘하게 기만적인
조각품

Louise Bourgeois, Eyes, 1995,
Battery Park

동공일까, 유륜일까? 배터리 파크에 설치된 루이즈 부르주아Louise
Bourgeois의 〈눈Eyes〉은 예술가와 꼭 닮은 모습입니다. 다시 말해 교묘하게
기만적이랄까요?

두 조각품은 허드슨 강을 마주하고 있으며 두 개의 반짝이는 꼭지는
뉴저지를 올려다보고 있습니다. 하지만 툭 튀어나온 두 개의 동공은 여성의
신체를 담은 부르주아의 관능적인 조각들을 떠올리게 합니다.

이 작품을 바라보고 있으면 눈을 맞추는 것만이 예술가의 의도는 아
닐 거라는 생각을 하게 됩니다. ※

LOUISE NEVELSON
Shadows & Flags
MAIDEN LANE & WILLIAM STREET
LOWER MANHATTAN

루이즈 니벨슨, 〈그늘과 깃발〉

📍 로어 맨해튼, 메이든 레인 & 윌리엄 스트리트

뉴욕이 사랑한
여성 해방의 상징

Louise Nevelson, Shadows and Flags, 1977,
Maiden Lane and William Street

매력으로 똘똘 뭉친 데다 재치 있기까지 했던 루이즈 니벨슨Louise Nevelson은 집요한 열정으로 뉴욕 예술계의 여성 혐오에 맞서 싸웠습니다. 그녀는 예술가, 조각가, 페미니스트를 위한 유산을 남겼죠. 독특한 스타일과 기이한 유머, 놀라운 결단력으로 유명한 그녀는 예술 역사에 한 획을 그은 남성적인 조각품으로 예술계를 충격에 빠뜨리기도 했습니다.

러시아에서 태어난 루이즈는 자신이 정한 규칙대로 살았던 인물입니다. 자신이 집에만 있기를 원한 억압적인 남편을 떠나 처음에는 파리에서, 그다음에는 뉴욕에서 키네스 헤이스 밀러Kenneth Hayes Miller, 하임 그로스Chaim Gross, 한스 호프만Hans Hofmann 같은 거장 밑에서 예술을 공부했습니다. 하지만 전통적인 결혼 제도를 포기한 대가는 결코 가볍지 않았습니다. 친정 부모와 전남편 부모에게 아들을 오랫동안 맡겨야 했고, 이혼 후 위자료를 받지 않은 대가로 극심한 가난에 시달려야 했지요. 하지만 열정적인 니벨슨은 어떠한 일이 있더라도 뉴욕의 예술가로서 자유로운 삶을 살겠다고 다짐했습니다.

그녀는 프리다 칼로의 남편 디에고 리베라Diego Rivera가 록펠러 센터의 벽화를 그릴 때 도움을 주다가 그와 잠자리를 가지면서 프리다 칼로와 마찰을 겪기도 했습니다. 뉴욕에서 보낸 60년 동안 니벨슨이 늘 성공만 맛본 것은 아니었습니다. 대공황 때 아들을 데리고 땔감으로 쓸 나무를 찾아 거리를 전전하기도 했는데, 이는 훗날 특유의 단색 조각품에 영감을 주었습니다. 좋은 시절이든, 힘든 시절이든, 니벨슨은 뉴욕이라는 도시를 사랑했고 이 도시 또한 그녀를 사랑했습니다. 두꺼운 인조 속눈썹에 커다란 장신구, 모피 코트로 대표되는 독특한 외모와 그녀의 모든 작품은 1930년대부터 그녀가 사망한 1988년까지 뉴욕 예술계에서 하나의 지표물이 되었습니다.

로어 맨해튼의 마천루를 그대로 담은 듯한 루이즈의 작품 〈그늘과 깃발Shadows & Flags〉은 그녀가 사랑했던 뉴욕에 영원히 자리하고 있습니다. 작품이 놓여 있는 광장은 예술가의 이름을 따서 지은 최초의 공공 공간(1978년에 지어졌다)으로 "나는 여성의 해방이다"라고 선언한 인물을 기리기 위한 완벽한 장소라 하겠습니다. ❋

MARISOL
American Merchant Mariners Memorial

BATTERY PLACE
LOWER MANHATTAN

마리솔, 〈미국 상선 선원 기념비〉

📍 로어 맨해튼, 배터리 플레이스

바다에서 맞이한
죽음을 기리는 기념비

**Marisol, American Merchant Mariners Memorial, 1991,
Battery Place**

배터리 파크를 따라 난 해안가를 걷다 보면 한 선원이 만조 속에 잠겨 있습니다. 이 조각상들은 하루에 두 번, 제2차 세계 대전 당시 미국 상선 선원들의 비극적인 죽음을 상기시켜줍니다.

두 개의 조각상은 가라앉는 배 끝에 서 있고 한 조각상은 물에 반쯤 잠겨 있는 동료를 향해 손을 뻗고 있습니다. 물에 잠긴 동료는 그의 손을 잡아 보려 하지만 손이 닿지 않습니다. 해가 질 때쯤이면 이 청동상은 머리까지 물에 잠기는데 썰물과 밀물의 반복 때문에 광택을 잃은 지 오래입니다.

이 작품은 바다에서 목숨을 잃은 상선 선원 2만 명을 기리기 위해 만들어진 기념비입니다. 프랑스계 베네수엘라 예술가 마리솔 에스코바Marisol Escobar는 치열한 경쟁을 뚫고 조각가로 선정되었는데, 1991년에 헌정된 그녀의 작품은 나치 U 보트(독일 잠수함)의 선장이 미국 상선을 공격한 뒤 찍은 실제 사진을 바탕으로 제작되었습니다.

팝 아트 운동뿐만 아니라 앤디 워홀의 영화에도 참여한 것으로 유명한 마리솔은 '여성적인' 시점 때문에 저평가된 팝 아티스트로 여겨집니다. ✻

MARK DI SUVERO:
joie de Vivre
ZUCCOTTI PARK
LOWER MANHATTAN

마크 디 수베르, 〈삶의 환희〉

📍 로어 맨해튼, 주코티 파크

하반신 마비로
영감을 얻은 조각가

Mark di Suvero, Joie de Vivre, 1997,
Zuccotti Park

빽빽한 로어 맨해튼에 자리한 마크 디 수베르 Mark di Suvero의 〈삶의
환희 joie de vivre〉는 압도적으로 다가옵니다. 뉴욕 북부, 스톰 킹 Storm King
아트센터에 위치한 그의 다른 작품(경사진 언덕을 배경으로 놓인 밝은색 강철 조
각)과는 달리 도심 한가운데 자리한 21미터짜리 붉은 코르틴 조각은 계속되
는 부동산 개발로 인해 날로 늘어만 가는 공사 현장 한가운데 놓여 있어 어
쩐지 갈 곳을 잃은 것만 같습니다.

그렇다고 공사 현장 비유가 전혀 터무니없는 것은 아닙니다. 예술가가
되기 전 디 수베르는 공사 현장에서 일했는데, 엘리베이터에서 심각한 사고
를 당해 하반신이 마비가 되고 말았던 것입니다. 비록 기적적으로 다시 걷게
되었지만, 이 충격적인 경험은 그의 삶을 영원히 바꾸어놓았으며 조각가로
의 활동에 커다란 영감을 주게 됩니다. 디 수베르는 크레인을 조각 도구로 사
용한 최초의 조각가이기도 했습니다.

2006년 홀랜드 터널 로터리 Holland Tunnel Rotary에서 주코티 파크로
옮겨진 조각품은 발밑에서 '월가를 점령하라' 시위가 벌어지는 동안에도 굳
건히 자리를 지킨 채 서 있었습니다. ※

PABLO PICASSO
Bust of Sylvette

UNIVERSITY VILLAGE
505 LAGUARDIA PLACE
NOHO

파블로 피카소, 〈실베트 흉상〉

📍 노호, 유니버시티 빌리지, 라과디아 플레이스 505번지

예술가의 유혹에 빠지지 않은
모델의 흉상

Pablo Picasso/Carl Nesjar, Bust of Sylvette, 1968,
University Village, 505 La Guardia Place

시대를 망라하고 가장 유명한 예술가 중 한 명인 파블로 피카소가 뉴욕은 고사하고 미국 땅에 아예 발을 디딘 적이 없다는 사실을 아시나요? 그럼에도 불구하고 피카소는 미국 예술계에 막대한 영향을 미쳤습니다. 인터넷이 발명되기 전이었음을 감안하면 정말 대단한 일이 아닐 수 없습니다.

유니버시티 빌리지University Village에 위치한 I. M. 페이I. M. Pei의 반짝이는 은색 타워 건물 사이에는 1967년부터 피카소의 〈실베트 흉상Bust of Sylvette〉을 대형화한 조각품이 놓여 있습니다. 하지만 뉴욕에 설치된 피카소의 이 공공 예술품은 정확히 말하면 피카소가 아니라 노르웨이 콘크리트 예술가 칼 네스자르Carl Nesjar의 작품입니다.

I. M. 페이는 실버 타워를 설계한 뒤 실베트 데이빗Sylvette David을 모델로 한 피카소의 금속 조각품을 크게 만들어 설치할 계획이었습니다. 네스자르는 친구였던 피카소에게 60톤에 달하는 모래분사 콘크리트를 이용해 그의 작품을 재해석해도 좋다는 허락을 받고 작품 제작에 착수했습니다. 하지만 공동의 해석으로 탄생한 이 작품을 과연 '진짜' 피카소의 작품으로 취급

할 수 있을까요?

　아이러니하게도 1954년 무렵 피카소가 모델로 삼아 수많은 그림과 조각을 제작한 실베트는 진짜 피카소 모델처럼 '느껴지지' 않는다는 비판을 받기도 했습니다. 코트다쥐르에서 피카소와 한 동네에 살았던 실베트라는 젊은 여인은 또래 남성과 약혼했으며 피카소의 다른 모델들과는 달리 피카소의 유혹을 거부했습니다. 비평가들은 피카소가 해당 모델과 로맨틱한 관계를 맺지 않았기 때문에 실베트 연작에서는 친밀감이 느껴지지 않는다고 말합니다.

　피카소의 모조품처럼 취급되기도 하는 이 거대한 조각은 전 세계에 영향을 미친 피카소의 예리한 입체파 양식을 반영하고 있는 것만은 분명합니다. ✳

PENELOPE JENCKS
Eleanor Roosevelt Memorial

RIVERSIDE PARK at 72nd STREET
UPPER WEST SIDE

페넬로페 젠크스, 〈엘리너 루스벨트 기념비〉

📍 어퍼 웨스트 사이드, 리버사이드 파크, 72번 스트리트

도시 공원에 기념비가 세워진
최초의 여성

**Penelope Jencks, Eleanor Roosevelt Memorial, 1996,
Riverside Park, 72nd and Riverside Drive**

72번 스트리트에 자리한 리버사이드 파크에 가면 역사상 가장 중요한 인권운동가 중 한 명인 엘리너 루스벨트 Eleanor Roosevelt 의 조각상이 세워져 있습니다. 공원 입구에 놓인 바위에 우아하게 기대서 있는 〈엘리너 루스벨트 기념비〉는 전 퍼스트레이디의 모습을 담은 400개의 출품작 가운데 1등으로 뽑힌 페넬로페 젠크스 Penelope Jencks 의 작품입니다.

젠크스는 엘리너 루스벨트를 존경하고 그녀의 말을 자주 인용하는 가정에서 자랐습니다. 이 같은 성장 과정은 현명하고 기품 있는 엘리너를 잘 담아낸 그녀의 조각품에 고스란히 반영되어 있습니다. 젠크스는 루스벨트의 사진 수백 장을 살펴본 뒤 생각에 잠긴 듯한 자세를 최종적으로 선택했습니다. 기념비는 1996년 또 다른 퍼스트레이디이자 위대한 사상가인 힐러리 로댐 클린턴 Hillary Rodam Clinton 이 헌정했습니다.

엘리너 루스벨트는 도시 공원에 기념비가 세워진 최초의 미국 여성입니다. 커다란 바위 위에 기대앉은 그녀의 조각상은 무언가를 골똘히 생각하는 모습을 하고 있는데, 아마도 세계 평화를 생각하고 있을 겁니다.

160

이곳을 지나가는 사람은 거대한 조각상 앞을 가로지르는 보도에 새겨져 있는 글에서 엘리너의 지혜 한 줌을 엿볼 수 있을 것입니다. ❋

결국 인권이란 어디에서 시작되는가? 가정처럼 작은 곳일 테다.
그러한 곳에서 남성과 여성, 어린이는
모두 동등한 정의와 기회, 존엄을 추구한다.

- 엘리너 루스벨트, 1958년

ROBERT GRAHAM
Duke Ellington Memorial

FIFTH AVENUE at 110th STREET
HARLEM

로버트 그레이엄, 〈듀크 엘링턴 기념비〉

📍 할렘, 5번 애비뉴, 110번 스트리트

클럽을 뜨겁게 달군
음악가의 열정

Robert Graham, Duke Ellington Memorial, 1997,
Fifth Avenue at 110th Street

1920년대 듀크 엘링턴Duke Ellington과 그가 이끈 빅 밴드의 재즈 스타일은 백인만 입장 가능한 할렘의 악명 높은 사교클럽인 코튼 클럽Cotton Club을 뜨겁게 달구었습니다(빅 밴드는 1927년 이 클럽의 전속 밴드가 되었다). 재즈와 할렘 르네상스●에 미친 그의 지대한 영향은 음악계뿐만 아니라 할렘 지역의 아프리카계 미국인 커뮤니티에도 잊을 수 없는 유산을 남겼습니다.

클럽에서 남쪽으로 32블록 떨어진 곳에는 2층 높이로 솟아 있는 엘링턴의 거대한 조각상이 세워져 있습니다. 음악 애호가인 영화배우 바비 쇼트Bobby Short의 열정 덕분에 탄생한 〈듀크 엘링턴 기념비Duke Ellington Memorial〉는 18년에 걸쳐 제작된 끝에 1997년에 헌정되었습니다. 쇼트는 파리에서 루이 암스트롱의 흉상을 본 뒤 엘링턴도 그렇게 기념되기를 바랐습니다. 손수 기금을 조성한 그는 조각가 로버트 그레이엄Robert Graham에게 1920년대에서 막 튀어나온 듯한 엘링턴의 모습을 담은 조각을 제작해달라고 요청합니다.

그리하여 아홉 명의 무희로 채워진 무대에서 공연을 마친 뒤 관중을 향해 인사하려는 듯한 모습의 엘링턴 기념비가 세워지게 되었습니다. 기념비 속 엘링턴은 그랜드 피아노 옆에 선 채 센트럴 파크의 북동쪽 입구를 바라보고 있습니다. ※

* 1920년대 미국 뉴욕의 흑인 지구 할렘에서 일어난 민족적 각성과 흑인 예술 문화의 부흥

ROBERT INDIANA
LOVE

SIXTH AVENUE & 55th STREET
MIDTOWN WEST

로버트 인디애나, 〈러브〉

📍 미드타운 웨스트, 6번 애비뉴, 55번 스트리트

크리스마스카드에서 보던
친근한 조각상

Robert Indiana, LOVE sculpture, 1973,
Sixth Avenue and 55th Street

필라델피아의 러브 파크 Love Park는 로버트 인디애나 Robert Indiana의
〈러브 Love〉 조각상으로 유명합니다. 하지만 이런 상징적인 3차원 조각이 탄
생하기 전인 1964년에 MOMA 뮤지엄의 크리스마스카드에 사용할 2차원 이
미지가 먼저 제작되었다고 합니다.

최초의 3차원 조각은 무색의 코르틴 강으로 만든 작품으로 1970년 뉴
욕에서 선보였습니다.[*] 오늘날에는 전 세계 곳곳에서 다양한 색상의 〈러브〉
조각상을 찾아볼 수 있는데 현대미술관에서 한 블록 떨어진 곳에 위치한 붉
은 색의 〈러브〉 조각도 그중 하나입니다. 거대한 글씨 위로 올라와 보라고
손짓하는 듯한 이 조각상을 보면 누구라도 발걸음을 멈출 수밖에 없을 것입
니다. ※

[*] 1975년부터 인디애나폴리스 미술관 Indianapolis Museum of Art에 전시되어 있다.

THiERRY NoiR & KiDDY CiTNY

Berlin Wall

385 SoUTH END AVENUE LoWER MANHATTAN

티에리 누아르 & 키디 시트니, 〈베를린 장벽〉

📍 로어 맨해튼, 사우스 앤드 애비뉴 385번지

전 세계적으로 자유의 상징이 된 작품

Thierry Noir and Kiddy Citny, Berlin Wall, 1984-1989, Kowsky Plaza, 385 South End Avenue

프랑스 예술가 티에리 누아르Tierry Noir는 데이비드 보위David Bowie와 이기 팝Iggy Pop이 주축이 된 강렬한 로큰롤에 이끌려 1982년 고향 리옹을 떠나 분단된 독일의 수도로 향했습니다. 베를린 장벽을 마주하고 있는 불법 건물에 자리를 잡은 누아르는 2년 동안 동독과 서독을 가르는 불길한 장벽을 바라보다가 이 압제적인 상징물을 캔버스로 이용하기로 결심합니다.

누아르는 1984년부터 장벽이 무너진 1989년까지 베를린 장벽에 단순하고 화려한 그림을 크게 그려 넣었습니다. 그의 그림은 다른 예술가들에게 영감을 주었고 그들 역시 112킬로미터에 달하는 장벽에 자신만의 벽화를 그려 넣었습니다(누아르의 그림만으로도 1.5킬로미터에 달한다).

베를린 장벽이 무너진 뒤 일부 벽화가 희망을 고취시킨다며 전 세계로 옮겨집니다. 그중 뉴욕 미드타운에 위치한 벽화는 1990년 독일 정부가 판매한 것을 부동산 업자 제리 스피어Jerry Speyer가 사들여 같은 해 53번 스트리트에 설치한 것입니다. 또 다른 벽화는 2004년 독일 영사관에서 배터리 파크에 기증한 것으로 코위스키 광장Kowsky Plaza에 자리하고 있습니다. ✲

TONY ROSENTHAL
Alamo

ASTOR PLACE
LAFAYETTE at 8th STREET
EAST VILLAGE

토니 로젠탈, 〈알라모〉

📍 이스트 빌리지, 애스터 플레이스, 8번 스트리트, 라파예뜨 스트리트

미국판 흔들바위?
뉴욕 최초로 영구적 자리를 확보한 큐브

Tony Rosenthal, Alamo, 1967,
Astor Place, Lafayette at 8th Street

이스트 빌리지 한가운데 코르틴강으로 만든 토니 로젠탈Tony Rosen-
thal의 공공 조각품, 〈알라모 Alamo 〉가 놓여 있습니다. 1960년대 말과
1970년대 초 수많은 미니멀리즘 조각품이 그랬듯 이 산입 디지인 역시 도시
건축물에 자연스럽게 녹아 있습니다. 보통 '애스터 플레이스의 큐브 The Astor
Place Cube'로 불리는 이 작품은 이스트 빌리지를 대표하는 예술품이 된 지
오래입니다.

1967년에 설치된 큐브는 원래 6개월간 한시적으로 애스터 플레이스
에 세워질 예정이었지만, 작품에 푹 빠진 현지인들은 이 작품을 계속해서 그
자리에 놓아달라고 탄원했고, 결국 〈알라모〉는 뉴욕에 설치된 옥외 현대 조
각품 중 최초로 영구적인 자리를 확보하게 되었습니다.

한쪽 모서리를 축으로 회전하는 큐브는 얼마 안 가 대표적인 만남의
장소가 되었습니다. 보헤미안 시대에는 워홀 무리들이 세인트 막스로 향하
기 전에 이곳에 모였으며, 이스트 빌리지가 펑크록 애호가들의 안식처가 된
1970년대 말과 1980년대 말에는 콘티넨털에 공연을 보러 가거나 트래쉬 앤

보드빌Trash and Vaudeville로 쇼핑하러 가기 전에 모이는 장소가 되었습니다. 1990년대 조각을 둘러싼 광장이 스케이트보더들의 임시 놀이터가 되면서 〈알라모〉는 스케이트보드 역사에서도 빼놓을 수 없는 풍경이 되었습니다.

조각품이 놓인 교차로에는 지난 수년 동안 큰 변화가 있었지만, 작품을 향한 대중의 사랑만은 그대로입니다. 이곳에 가면 〈알라모〉 아래 앉아 휴식을 취하거나 광장 주위로 스케이트를 타거나 816킬로그램짜리 조각을 돌리려고 낑낑대는 사람들의 모습을 쉽게 볼 수 있습니다. ※

4장

기업 로비에
설치된 작품

기업의 로비는 대개 삭막한 느낌을 준다.

말끔한 회사 로비에 설치된 수천 대의 드론은

뉴요커들의 점점 길어져만 가는 근무시간을 감시하고 있다.

하지만 이 정적인 공간은 보통 대중들에게 공개하지 않는 작품을

전시하는 미술관이 되기도 한다.

이 작품들을 감상하려면 나름의 전략이 필요하다.

보통 나는 그 건물에서 일하는 직원과 통화하는 척하면서

천천히 로비를 걷고는 한다.

함께 점심 식사를 약속한 상상 속의 직원은

늘 레스토랑에서 나를 기다리고 있다.

이러한 전략을 수행할 만큼 대담하지 못하더라도

걱정할 필요는 없다.

기업의 로비에는 밖에서 안전하게

감상할 수 있는 작품도 충분히 많기 때문이다.

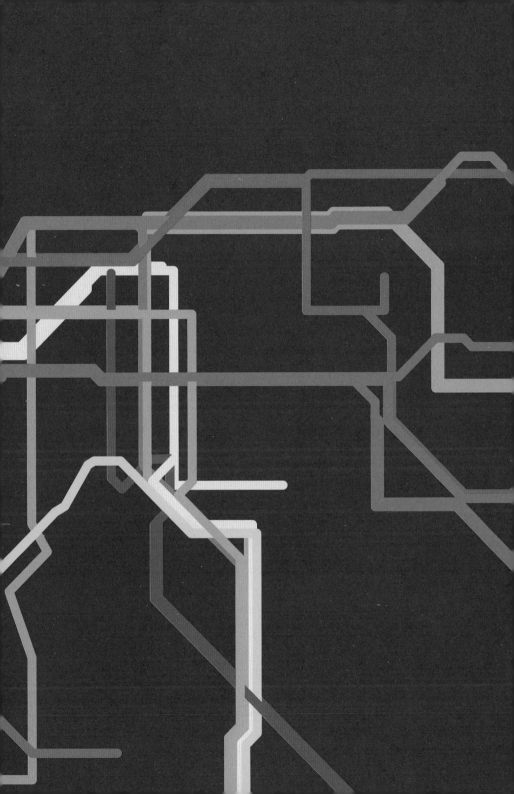

BEN RUBIN &
MARK HANSEN
Moveable Type
620 EIGHTH AVENUE
MIDTOWN WEST

We have a
brigade
system.

They will not
run or
abdicate.

We're the
creatures of
their dreams.

They were
things we
needed to say.

벤 루빈 & 마크 핸슨, 〈움직이는 활자〉

📍 미드타운 웨스트, 8번 애비뉴 620번지

뉴욕의
살아 숨 쉬는 뉴스

Ben Rubin and Mark Hansen, Moveable Type, 2007,
620 Eighth Avenue

기업이 소유한 예술작품은 보통 대중에게 공개되지 않지만, 일부 작품은 대중이 쉽게 감상할 수 있는 위치에 전시되어 있기도 합니다. 타임 스퀘어에 둥지를 튼 〈뉴욕 타임스〉 본사 로비에 걸려 있는 작품처럼 말이죠.

벤 루빈Ben Rubin과 마크 핸슨Mark Hansen이 만든 〈움직이는 활자Moveable Type〉는 150년도 더 된 기록 보관소에서 표제나 인용문을 골라 보여줍니다. 잊혔던 활자들이 디지털 화면을 통해 한 번 더 빛을 보는 셈입니다. 한물간 빈티지 타자기 안에 들어 있는 이 활자들은 로비의 양 벽을 따라 설치된 560개의 스크린에 선명히 새겨져 있습니다.

이 작품의 알고리즘은 명확합니다. 'I'나 'You'로 시작하는 인용문은 서로 짝을 이루고 뉴스들은 숫자로 분류되며 편집자에게 보내는 문자들은 마치 실시간으로 자판을 치고 있는 것처럼 보이도록 천천히 지나갑니다. 이 화면의 패턴은 하루에 몇 번씩 물결 모양으로 변하는데 이 모습을 보고 있으면 백 년 전 뉴스 속으로 빠져들 것만 같은 기분이 들곤 합니다. 그렇다고 이 화면이 오래된 자료만 내보내는 것은 아닙니다. 〈뉴욕 타임스〉의 실시간 뉴스와 독자들의 의견도 계속해서 화면에 등장합니다.

루빈과 핸슨은 〈움직이는 활자〉를 살아 있는 유기체에 비유하곤 하는데, 이보다 적절한 비유는 없을 것입니다. 〈뉴욕 타임스〉를 하나의 생명체로 본다면 560개의 화면이 마치 폐와 혈액처럼 작동하는 살아 숨 쉬는 뉴스라 할 수 있지요.

일반 업무 시간에는 누구나 방문해 이 작품을 감상할 수 있습니다. ※

DEAN CORNWELL
The History of Transportation

1O ROCKEFELLER PLAZA
MAIN LOBBY
MIDTOWN

딘 콘웰, 〈운송 수단의 역사〉

📍 미드타운, 10 록펠러 플라자 중앙 로비

뉴욕에서 가장 아름다운
벽화 세 점

Dean Cornwell, The History of Transportation, 1946,
10 Rockefeller Plaza main lobby

⟨투데이 쇼⟩의 인기 있는 콘서트 시리즈가 열리는 광장 옆에는 10 록펠러의 로비가 자리하고 있습니다. 이 로비가 눈에 띄지 않는 것은 안타까운 일인데, 이곳에는 뉴욕에서 가장 아름다운 벽화 세 점이 걸려 있기 때문입니다.

록펠러는 1946년 이 건물에 입주한 이스턴 에어라인Eastern Airlines을 기리기 위해 삽화가이자 벽화가인 딘 콘웰Dean Cornwell에게 운송 수단의 역사를 담은 작품을 그려 달라고 의뢰했습니다. 현재 콘웰은 유명한 화가는 아니지만, 당시에는 노먼 록웰Norman Rockwell만큼이나 유명했으며 ⟨하퍼스 바자르⟩, ⟨코스모폴리탄⟩, ⟨레드북⟩, ⟨굿 하우스키핑⟩ 같은 잡지에 작품이 실릴 정도로 인기가 높았습니다.

⟨운송 수단의 역사History of Transportation⟩는 대륙과 바다, 하늘을 이동하는 인간의 여정을 연대기 순으로 담은 작품입니다. 진홍색 바탕에 금색과 은색이 화려하게 수놓아진 이 벽화는 특히 우화적인 장식이 돋보이는데, 가운데 두 명의 그리스 여신이 자리한 채 방문객을 맞이하며 말과 마차, 증기기관차, 라이트 형제의 비행기, 자동차, 외륜선, 2층 비행기, 심지어 다빈치

의 비행기구까지 연기 사이를 빙빙 돌고 있는 모습을 볼 수 있습니다.

　　대중에게 개방되어 있는 10 록펠러 로비는 관광객들이 즐길만한 시설을 갖추고 있지는 않지만, 이 거대한 벽화를 감상하는 것만으로도 충분히 방문할 만한 가치가 있는 곳입니다. 아르 데코 양식으로 설계된 로비의 황동 계단을 따라 내려가면 중앙 홀이 나타나는데, 이곳에는 1940년대 이 건물에서 제공되었던 편의시설 목록이 네온사인에 적혀 있습니다. ✽

ISAMU NOGUCHI
Ceiling & Waterfall
666 FIFTH AVENUE
MIDTOWN

이사무 노구치, 〈천장과 폭포〉

📍 미드타운, 5번 애비뉴 666번지

뉴욕 한가운데 놓인
오아시스 같은 작품

Isamu Noguchi, Ceiling and Waterfall, 1956–58,
666 Fifth Avenue

5번 애비뉴 666번지에 위치한 건물 안에는 사색을 즐기기에 좋은 낙원이 자리하고 있습니다. 바로 건물 로비의 복도를 따라 설치된 이사무 노구치의 〈천장과 폭포 Ceiling and Waterfall〉입니다. 이 작품은 마음을 차분하게 해주는 명상 테이프처럼 소리와 빛, 물을 경험하도록 만들어졌습니다. 물은 더 이상 쏟아져 내리지 않지만, 작품이 전하는 시각적인 효과는 그대로 남아 있습니다.

로비 양쪽에 위치한 엘리베이터 위까지 이어지는 이 작품은 소리와 명상적 특징을 융합한 노구치의 후기작 중 하나입니다. 물결 모양의 금속 조각은 졸졸 흐르는 물의 소리를 표현한 것으로 바깥에서 들려오는 도시의 온갖 소음을 차단해주는, 뉴욕 한가운데 놓인 오아시스와도 같은 역할을 합니다.

사무실 건물이라 보안요원을 조심해야 하지만, 52번과 53번 스트리트 사이에 서서 안을 들여다보면 누구나 이 작품을 감상할 수 있습니다. ✳

JAMES TURRELL
Plain Dress
505 FIFTH AVENUE
MIDTOWN

제임스 터렐, 〈빛의 상자〉

📍 미드타운, 5번 애비뉴 505번지

매시간 다채로운 빛으로
물드는 건물

James Turrell, Plain Dress, 2005,
505 Fifth Avenue

한 손에 모닝커피를 든 채 건물로 들어서는 순간, 빛의 마술사라 불리는 제임스 터렐James Turrell의 작품을 감상할 수 있다면 얼마나 좋을까요? 5번 애비뉴 505번지 건물에서 일하는 KPF 아키텍트KPF Atchitects 직원들은 매일같이 이 같은 호사를 누리고 있습니다.

공간을 표현하기 위한 창조적인 매체로 빛을 사용하는 터렐은 이 건물의 로비를 매시간 색상이 바뀌는 빛의 상자로 만들어 놓았는데, 이 색상들은 정신없는 5번 애비뉴의 상황에 따라 매시간 주파수와 분위기가 바뀐다고 합니다. ✳

JENNY HOLZER
FOR 7 WORLD Trade

7 WORLD TRADE CENTER
LOWER MANHATTAN

제니 홀저, 〈7 세계무역센터를 위해〉

📍 로어 맨해튼, 7 세계무역센터

뉴욕의 역사를 노래하다

Jenny Holzer, For 7 World Trade, 2006,
7 World Trade Center

뉴욕은 문학계 대가들의 작품 속에 빠짐없이 등장하는 도시지만, 영국 예술가 제니 홀저Jenny Holzer는 7 세계무역센터의 로비에 설치된 LED 작품인 〈7 세계무역센터를 위해For 7 World Center〉 안에 뉴욕의 놀라운 역사를 노래한 시와 산문을 담아냈습니다.

약 20미터 크기의 스크린에 엘리자베스 비숍Elezabeth Bishop, 앨런 긴즈버그Allen Ginsberg, 랭스턴 휴즈Langston Hughes, 월트 휘트먼Walt Whitman의 글을 약 1.5미터 높이로 담아낸 이 전자 게시판은 전체 내용이 한 바퀴를 도는 데 36시간이 걸릴 정도로 방대한 양을 담고 있습니다.

이 작품은 마음만 먹으면 인근 공원에서도 감상할 수 있습니다. 기업 로비 안에 설치되어 있지만 대중들도 관람할 수 있는 작품인 셈이죠. 선선한 여름밤, 공원 벤치에 앉아 단어들이 둥둥 떠다니는 모습을 관람하며 저녁 시간을 보낸다면 얼마나 근사할까요?

2019년, 홀저는 뉴욕에 살고 있는 열일곱 명의 아이들이 뉴욕에 관해 쓴 시를 추가하기도 했습니다. ※

DIEGO RIVERA
Man at the Crossroads
30 ROCKEFELLER CENTER
MIDTOWN

디에고 리베라, 〈교차로에 놓인 인간〉

📍 미드타운, 30 록펠러 센터

자본주의자에게
뜯기고 만 작품

Jose Maria Sert, Time, 1937,
30 Rockefeller Center, lobby, and Diego Rivera,
Man at the Crossroads, 1933, destroyed

30 록펠러 센터 플라자의 로비에 가면 근육질의 거대한 타이탄이 두 기둥 사이에 다리를 걸치고 있는 모습을 볼 수 있습니다. 이 그림에는 세 명의 타이탄이 있는데 이들은 각기 과거, 현재, 미래를 상징한다고 합니다. 이 거대한 파노라마 작품은 트롱프뢰유 양식을 구현해 방문객이 어디에 서 있든 타이탄이 방문객 자신을 바라보는 것처럼 보이도록 했습니다.

갈색과 베이지색으로 채색된 작품 〈시간Time〉은 1934년에 파괴된 멕시코 예술가 디에고 리베라Diego Rivera의 프레스코화를 대신해 설치된 작품입니다. 넬슨 록펠러는 원래 리베라에게 동시대의 사회과학 트렌드를 담은 벽화 세 점을 의뢰했는데, 그것이 〈교차로에 놓인 인간Man at the Crossroads〉, 〈윤리적 진화의 개척자The Frontier of Ethical Evolution〉, 〈물질적 발전의 개척자The Frontier of Material Development〉였습니다. 가운데 위치할 〈교차로에 놓인 인간〉은 사회주의에 대항하는 자본주의를 상징하는 작품으로 자본주의를 승리자로 묘사할 예정이었지만, 사회주의를 지향한 리베라는 약속한

187

그림 대신 다른 내용을 그려 넣었다고 합니다.

　리베라는 사회주의자의 유토피아를 상징하기 위해 사교계 여인이 카드놀이를 하고 하층 계급이 전쟁을 하는 장면 맞은편에 노동자의 손을 잡고 있는 블라디미르 레닌Vladimir Lenin을 그려 넣었습니다. 뼛속까지 자본주의자였던 록펠러 가문은 이를 보고 길길이 날뛰었죠. 넬슨 록펠러는 리베라에게 계속해서 레닌의 얼굴을 지우라고 요청했지만, 리베라가 거절하자 결국 전체 작품은 뜯겼고, 3년 후 호세 마리아 세르트의 〈시간Time〉으로 교체되었습니다. ✲

MARC CHAGALL
The Triumph of Music
The Sources of Music

METROPOLITAN OPERA HOUSE
132 WEST 65th STREET
UPPER WEST SIDE

마르크 샤갈, 〈음악의 승리〉, 〈음악의 원천〉

📍 어퍼 웨스트 사이드, 메트로폴리탄 오페라하우스, 웨스트 65번 스트리트 132번지

예술의 결정체,
오페라하우스를 대표하는 작품

Marc Chagall, The Triumph of Music and The Sources of Music, 1966,
Metropolitan Opera House, 132 West 65th Street

링컨 센터 앞 분수대를 중심으로 오른편에는 뉴욕 시티 발레단의 주 무대인 데이비드 H. 코크 극장David H. Koch Theater, 왼편으로는 뉴욕 필하모닉의 주 무대인 데이비드 게펜 홀David Geffen Hall, 바로 앞에는 링컨 센터 극장 옆으로 메트로폴리탄 오페라하우스가 자리하고 있습니다. 이 분수대 광장에 서 있으면 건축학상의 쾌감을 고스란히 느낄 수 있습니다.

무용수, 음악가, 성악가들의 재능이 느껴지는 이 광장에서는 마르크 샤갈Marc Chagall의 훌륭한 작품도 감상할 수 있습니다. 오페라하우스의 거대한 창문을 통해 들여다보면 〈음악의 승리The Triumph of Music〉와 〈음악의 원천The Sources of Music〉, 두 개의 작품이 보이는데 각기 노란색과 붉은색으로 칠해진 두 작품은 가로 약 9미터, 세로 11미터에 달합니다.

꼭대기 층 발코니에서부터 로비 바닥까지 이어지는 두 벽화는 1966년 파리에서 완성된 뒤 오페라하우스 개장에 맞춰 뉴욕에 보내졌습니다. 샤갈은 이듬해 메트로폴리탄 오페라에서 상영된 〈마술 피리〉의 공연 무대와 의상 작업에도 참여했습니다.

샤갈은 본래 〈음악의 원천〉이 오른편에 걸리기를 바랐으나, 그의 바람과는 달리 이 작품은 왼편에 걸렸고 지금까지도 같은 자리에 놓여 있습니다. 오페라하우스는 2009년, 2천만 달러에 달하는 이 작품을 담보로 대출을 받기도 했습니다. ❈

ROY LICHTENSTEIN
Mural with Blue Brushstroke

787 SEVENTH AVENUE
MIDTOWN WEST

로이 리히텐슈타인, 〈파란색 붓질로 그린 벽화〉

📍 미드타운 웨스트, 7번 애비뉴 787번지

자신의 작품을 콜라주해
탄생한 최고의 작품

Roy Lichtenstein, Mural with Blue Brushstroke, 1984–86,
AXA Equitable Corporate Lobby Collection, 787 Seventh Avenue

AXA 이퀴터블AXA Equitable 센터의 공공 전시공간을 점령하고 있는 로이 리히텐슈타인Roy Lichtenstein의 벽화는 그의 작품 가운데 큰 축에 속합니다. 약 21미터에 달하는 〈파란색 붓질로 그린 벽화Mural with Blue Brush-strokes〉는 1984년 휘트니 컬렉션을 보완하기 위해 만든 작품으로 로이 리히텐슈타인의 가장 유명한 과거 작품들을 섞어서 만든 콜라주 작품입니다.

〈공놀이 소녀Girl with Ball〉에 등장하는 익숙한 비치볼과 일출, 폭포, 스펀지를 잡고 있는 손 등을 콜라주한 1970년대 리히텐슈타인 작품의 '최고' 버전을 구현한 셈인데, 리히텐슈타인은 여섯 명의 보조 예술가와 함께 건물 벽에 직접 슬라이드를 투사한 뒤 6주에 걸쳐 이 알록달록한 작품을 완성했다고 합니다.

건물 밖에서도 감상할 수 있는 이 거대한 작품은 제임스 로젠퀴스트James Rosenquist, 솔 르윗Sol LeWitt, 아그네스 데니스Agnes Denes, 배리 플라나간Barry Flanagan의 작품과 함께 이 건물의 상설 전시품으로 오랫동안 자리매김하고 있습니다. ※

SOLOW COLLECTION

9 WEST 57th STREET
MIDTOWN

솔로 컬렉션

📍 미드타운, 웨스트 57번 스트리트 9번지

유리 너머로만 감상할 수 있는
최고의 작품들

Solow Collection,
9 West 57th Street

솔로 아트 & 아키텍처 재단Solow Art & Architecture Foundation 1층에 위치한 갤러리에 가 본 사람이라면 아무나 들어갈 수 없다는 사실을 알 것입니다. 사실 이 갤러리는 단 한 번도 문을 연 적이 없습니다.

대중들은 거대한 유리창과 유도등의 불빛을 통해서만 그 안에 놓인 프랜시스 베이컨Francis Bacon, 앙리 마티스Henri Matisse, 발튀스Balthus, 알베르토 자코메티Alberto Giacometti, 헨리 무어Henry Moore의 작품을 감상할 수 있습니다. 이 인상적인 작품들은 건물 전체를 소유한 부동산계 거물이자 58번 스트리트 건물 입구에 〈문버드〉를 설치했던 쉘던 솔로Sheldon Solow의 개인 소장품이기 때문입니다.

솔로가 왜 예술작품들을 여기에, 자신만 감상할 수 있는 곳에 놓았는지는 아무도 알지 못합니다. 왜 감시할 사람 하나 없는 이곳에서 두 명의 경호원이 일하고 있는지도 의문이 들곤 합니다. 하지만 최소한 이 억만장자는 이곳에 작품들을 놓아 지나가는 사람들의 눈을 즐겁게 해 주고 있습니다. 물론 판유리를 통해 들여다봐야 하지만 말이죠. ※

5장

예술가들이
머물렀던 곳

미술관에 걸린 채 우리에게 말을 건네는 그림을 바라보고 있으면, 그림을 그린 작가
역시 우리가 걷고 있는 이 뉴욕의 거리를 거닌 적이 있다는 사실을 망각하기 쉽다.
뉴욕은 한때 꿈을 좇아 이 도시를 찾아온 유명한 예술가들로 가득했다.
물론 옛날 옛적 예술가들이 저렴한 비용으로 작업실이나
아파트를 구할 수 있었던 때의 이야기다.

자신이 존경하는 이들의 관점에서 장소를 경험하는 것만큼
짜릿한 일도 없을 것이다. 자, 이제부터 과거로 여행을 떠나보자.
사랑하는 예술가가 한때 머물며 작업했던 곳들을 찾아가
그들이 집이나 작업실의 문을 열고 나서는 순간 보았을 뉴욕을 상상해
보는 것이다. 도널드 저드가 살았던 소호의 근사한 집에 발을 디뎌보고,
젊은 바스키아가 비극적인 죽음을 맞이했던 건물도 지나가 보고,
젊은 예술가들이 포트폴리오를 들고 찾아오도록
작업실 문을 활짝 열어두었던 루이즈 부르주아의
타운하우스도 찾아가 보자.

예술가들과 그들이 살았던 뉴욕은 오래전에 자취를 감추었을지 모르지만,
그들의 발자취를 따라 걷는 사이 우리 자신도 모르는 사이에
영감이 번뜩이는 경험을 하게 될 것이다.

ANDY WARHOL
Residence

1342 LEXINGTON AVENUE
UPPER EAST SIDE

앤디 워홀, 거주 공간

📍 어퍼 이스트 사이드, 렉싱턴 애비뉴 1342번지

스물다섯 마리의 고양이가 사는
예술가의 집

Andy Warhol's Town House and Cats,
1342 Lexington Avenue

앤디 워홀은 맨해튼의 다운타운에서 주로 활동했다고 알려져 있지만, 한동안 어퍼 이스트 사이드의 우아한 타운하우스에서 어머니 줄리아와 함께 살기도 했습니다. 워홀은 플라자 호텔과 다코타 아파트를 설계한 헨리 하덴베르그Henry Hardenbergh가 1889년에 지은 이 타운하우스에서 1959년부터 1974년까지 거주했습니다. 1960년대 초, 이 타운하우스의 1층은 워홀의 작업실로 사용되었는데, 워홀은 이곳에서 〈브릴로 박스〉와 〈캠벨 수프 통조림〉 시리즈를 제작했지요. 바로 이 작업실은 '팩토리'의 원조인 셈입니다.

워홀은 이 타운하우스로 이사 온 후 프리랜서로 그림을 그리며 생계를 유지하는 가운데 아래층에 위치한 작업실에서 그만의 팝 아트 양식을 개발했습니다. 이곳에서 그는 『샘이라는 이름의 25마리 고양이와 한 마리 파란 야옹이25 Cats Name Sam and One Blue Pussy』라는 동화책을 쓰기도 했습니다. 워홀이 자신의 고양이를 그려 넣은 이 책에는 어머니 줄리아의 둥근 필체가 담겨 있는데, 유명해진 이 책은 그의 초기 작품이었을 뿐만 아니라 예술가로서 그의 삶을 사랑스럽게 해석한 그의 현실 자체이기도 했습니다.

워홀은 이곳에서 어머니와 고양이 스물다섯 마리와 함께 살았습니다. 고양이의 이름은 전부 샘이었지요. 워홀은 처음에 키운 헤스터라는 고양이의 가족을 마련해주기 위해 다른 고양이들을 입양했는데, 그러다 보니 어느새 샘은 25마리로 늘어났습니다. 이 고양이들은 4층짜리 집안을 마음껏 활보했으며 워홀의 그림에도 종종 등장하곤 했습니다. ※

ANDY WARHOL
The Factory

231 EAST 47th STREET   860 BROADWAY

33 UNION SQUARE WEST   22 EAST 33rd STREET

앤디 워홀, 팩토리

📍 이스트 47번 스트리트 231번지

📍 유니언 스퀘어 웨스트 33번지

📍 브로드웨이 860번지

📍 이스트 33번 스트리트 22번지

사교계의 중심지가 된
워홀의 팩토리

Andy Warhol's Factories,
1962–67, 231 East 47th Street, fifth floor (razed)
1967–74, 33 Union Square West, sixth floor
1974–84, 860 Broadway
1984–87, 22 East 33rd Street

1960년대 무렵, 앤디 워홀은 상업적인 그림에서 손을 떼고 세상을 바꾼 혁신적인 예술에 뛰어들게 됩니다. 스타에게는 무대가 필요하기 마련인지라, 그는 '팩토리'라 부른 자신의 작업실을 사교계의 중심지로 변모시켰습니다.

앤디 워홀은 총 네 곳에 팩토리를 열었는데, 첫 번째 팩토리는 이스트 47번 스트리트에 위치했습니다. 임대료가 1년에 100달러밖에 하지 않은 이곳은 모델 빌리 네임Billy Name이 은박지로 벽을 장식하면서 '실버 팩토리'라는 이름이 붙었습니다. 1962년부터 1967년까지 이곳에서 작업을 한 워홀의 무리들은 워홀의 슈퍼스타로 알려지게 되었으며, 짧은 유명세를 얻었던 필름을 제작하는 동안 밤이고 낮이고 다량의 암페타민●과 바르비투르●●를 복용했습니다.

1967년, 실버 팩토리가 철거되자 워홀과 그 무리들은 그들이 주로 어울려 놀던 클럽 맥시스 캔자스 씨티Max's Kansas City와 가까운 다운타운으로 터전을 옮기기로 합니다. 그리하여 영화감독이자 배우인 폴 모이세리Paul Morrissey는 유니언 스퀘어 웨스트에 위치한 덱커 빌딩Decker Building 6층에 두 번째 팩토리를 세우게 되지요.

첫 번째 팩토리에서 주로 영화를 제작했다면, 워홀은 두 번째 팩토리에서 유명한 실크스크린 작품을 상당수 완성합니다. 워홀은 자신의 영화에 등장하는 슈퍼스타를 실크스크린 작품의 대량 생산 과정에 동원했고, 진짜 '팩토리'에서처럼 일한 이들은 일이 끝나면 밤마다 파티를 열곤 했습니다.

1968년, 이곳에서는 급진적인 페미니즘 선언서로 유명한 《스컴 선언문SCUM Manifesto》●●●을 쓴 밸러리 솔라나스Valerie Solanas가 워홀을 세 번이나 총으로 쏘는 사건이 발생하기도 했습니다. 그녀는 워홀이 자신이 쓴 시나리오를 훔쳐갔다고 생각했기 때문입니다. 세 번째 총알이 그의 좌측 폐와 비장, 위, 간, 식도를 뚫고 우측 폐까지 도달하면서 사망 선고를 받았으나 간신히 소생한 워홀은 여생 동안 건강 문제로 시달려야 했습니다. 솔라나스는 운명적인 날 팩토리를 방문한 예술 비평가 마리오 아마야Mario Amaya를 쏘기도 했습니다.

1970년, 워홀은 팩토리에 비디오카메라를 설치했습니다. 보안 때문이기도 했지만, 무엇보다 작업실에서 일어나는 일을 기록하기 위한 목적이었습니다. 카메라가 설치된 이후에도 불안했던 그는 유니언 스퀘어에서 한 블록 떨어진 경비가 철저한 건물로 작업실을 옮기게 됩니다.

세 번째 팩토리는 사교계의 중심지가 아니라 그 어느 때보다도 유명해진 워홀이 혼자만의 시간을 즐길 수 있는 장소가 되었지요. 방탄 처리된 문

203

과 CCTV, 아무도 모르는 뒷문 덕분에 워홀은 안전하다고 느꼈으며 들어오고 나가는 사람을 감시할 수 있었습니다. 그는 끊임없이 전화하며 집착하는 팬을 내쫓기 위해 영어를 못하는 외국인 접수원만 고용하기도 했는데, 결국 팬들은 영어를 거의 못하는 접수원에게 이름의 철자를 불러주다가 포기하고 말았던 것입니다.

1974년부터 1984년까지 팩토리가 이곳에 위치한 10년 동안 워홀은 〈타임캡슐〉 상자와 해골 그림, 그리고 비교적 덜 유명한 소변 회화를 그리기도 했습니다.

1984년, 워홀은 마지막으로 이스트 33번 스트리트로 팩토리를 옮겼습니다. 자신의 작업실이 더 이상 사회적 중심지가 되기를 원하지 않은 워홀은 뉴욕이나 할리우드의 나이트클럽에 더 자주 모습을 드러냈습니다. 그는 1987년 사망하기 전까지 이곳과 매디슨 애비뉴 158번지에 위치한 스튜디오에서 유명인사들의 실크스크린을 제작했습니다. ✺

● 각성제의 일종
●● 진정제나 최면제로 쓰이는 약물
●●● '남성 거세 결사단체'라는 뜻의 'Society for Cutting up Men'의 이니셜을 딴 약어

CARNEGIE ARTIST STUDIOS

881 SEVENTH AVENUE
MIDTOWN WEST

카네기 아트 스튜디오

📍 미드타운 웨스트, 7번 애비뉴 881번지

뉴욕의 천재 예술가들이
거쳐 간 공간

Carnegie Artist Studios,
881 Seventh Avenue

카네기 아트 스튜디오Carnegie Artist Studios는 1895년부터 뉴욕의 음악가, 화가, 조각가, 배우, 건축가, 작가들에게 작업 공간을 제공해왔습니다. 앤드류 카네기Andrew Carnegie가 지은 유명한 리사이틀 홀 위에 자리한 이 스튜디오는 카네기가 부수적인 수입을 위해 임대하기 시작했으며, 거주민들이 퇴거한 2011년까지 100년이 넘는 시간 동안 예술가들을 위한 창의적인 실험실이 되었습니다.

예술계의 수많은 천재들이 이 스튜디오를 거쳐 갔는데, 대표적으로 레너드 번스타인Leonard Bernstein은 이곳에서 작곡을 했고, 말론 브란도Marlon Brando, 마를린 먼로Marilyn Monroe, 폴 뉴먼Paul Newman, 제인 폰다Jane Fonda, 로버트 레드포드Robert Redford는 이곳에서 연기 연습을 했습니다. 또 찰스 다나 깁슨Charled Dana Gibson의 깁슨 걸도 이곳에서 탄생했으며, 엘리아 카잔Eliza Kazan 감독은 공산주의 친구와 절연하기 전 한동안 이곳에 살기도 했습니다. 듀크 엘링턴Duke Ellington, 카운트 베이시Count Basie, 주디 갈랜드Judy Garland도 이곳에서 많은 시간을 보냈으며, 한때 이곳에 머물렀던 조셉 버드만 애스터Jesep Birdman Astor의 다큐멘터리 〈로스트 보헤미아Lost Bohemia〉를 비롯해 전설적인 스트리트 패션 사진작가, 빌 커닝햄에 관한 다큐멘터리 〈빌 커닝햄 뉴욕Bill Cunningham New York〉의 촬영도 문을 닫기 직전 이 스튜디오에서 이루어졌습니다. 이 다큐멘터리 속 커닝햄의 곁에는 사진작가 에디타 셔먼Editta Sherman이 자주 등장하는데, 에디타 셔먼은 이 스튜디오에 60년 넘게 살면서 할리우드의 유명 인사들을 사진에 담았습니다.

이 스튜디오는 2011년 사무실과 교육 장소로 바뀌었고, 이와 동시에 예술가들을 위한 저렴한 거주 공간이라는 전통도 막을 내리게 되었습니다. �֍

CHAIM GROSS
Studio, Foundation & Museum
526 LAGUARDIA PLACE
GREENWICH VILLAGE

하임 그로스, 작업실 겸 미술관

📍 그리니치 빌리지, 라과디아 플레이스 526번지

예술적 영감을 불러일으키는 작업실

Chaim Gross, Studio, Foundation, and Museum,
Renee & Chaim Gross Foundation, 526 LaGuardia Place

워싱턴 스퀘어 파크에서 조금만 걸어가면, 100년 전 뉴욕에 살던 예술가들의 삶을 엿볼 수 있는 타운하우스가 나타납니다. 1830년대 양식의 아름다운 타운하우스로, 하임 그로스Chaim Gross가 구입하여 단독수택으로 개소해 작업실 겸 거주 공간으로 사용했습니다.

무늬를 새긴 나무 바닥을 비롯해 햇빛을 듬뿍 받으며 일할 수 있도록 일렬로 나 있는 천창처럼, 그로스는 이 작업실을 영감을 주는 전시 공간으로도 활용하고자 했습니다. 오늘날 이 저택은 그로스가 1920년대부터 1980년대까지 제작한 나무나 대리석 조각품을 전시하는 미술관으로 사용되고 있습니다. 이곳에는 그의 작품 외에도 빌럼 데 쿠닝Willem de Kooning, 에이버리 하틀리Avery Hartley의 작품을 비롯해 유럽, 미국, 아프리카 조각품 등 그의 개인적인 소장품도 전시되어 있습니다.

그로스의 이 화려한 스튜디오는 현재 옛 정취를 느낄 수 있도록 보수되었으며, 목요일과 금요일, 오후 1시부터 5시까지만 대중에게 개방되고 있습니다. ❋

COENTIES SLIP GROUP

COENTIES SLIP
between PEARL & WATER STREETS

LOWER MANHATTAN

코엔티스 슬립 그룹

📍 로어 맨해튼, 펄 스트리트와 워터 스트리트 사이

뉴욕의 역사를 함께한
코엔티스 슬립

Coenties Slip Group,
Coenties Slip between Pearl and Water Streets

1950년대 한 무리의 사람들이 브루클린 다리 아래 위치한 오래된 닻 제조 공장에 정착했습니다. 이 공장은 이스트 리버를 따라 난 코엔티스 슬립Coenties Slip이라는 좁고 긴 땅에 자리했습니다. 공업용 로프트의 높은 천장과 확 트인 공간에 이끌려 예술가 로버트 라우센버그Robert Rauschenberg와 재스퍼 존스Jasper Johns가 가장 먼저 이곳에 들어왔고, 이내 엘스워스 켈리Ellsworth Kelly, 아그네스 마틴Agnes Martin, 제임스 로젠퀴스트James Rosenquist 같은 예술가가 이 대열에 합류했으며, 이스트 리버 옆 해안가 동네를 둥지 삼아 작업을 시작했습니다. 연립주택에 갇혀 작업했던 그리니치 빌리지에서와는 전혀 다른 풍경이었습니다.

코엔티스 슬립은 뉴욕이라는 도시가 탄생한 순간부터 이 도시의 역사와 함께했다고 해도 과언이 아닙니다. 17세기, 뉴암스테르담●의 시청도 이곳에 자리했으며 18세기와 19세기, 뉴욕 최초의 출판사가 자리한 곳도 바로 이곳이었습니다. 월트 휘트먼Walt Whitman이나 에드거 앨런 포Edgar Allan Poe 같은 작가들은 해안가 근처에 자리한 이 공업지역에 업무차 들르곤 했습니다.

코엔티스 슬립 그룹이 자리 잡기 시작한 1950년대에도 여전히 이곳은 공업지역이었습니다. 추상 표현주의자Abstract Expressionist와 완전히 분리되고 싶었던 이 단체는 로프트 앞으로 무한히 펼쳐진 강과 해안가의 풍경에서 영감을 받아 팝 아트와 미니멀리즘을 개발하기 시작했습니다. 단체의 회원들은 서로 근거리에 살기는 했지만 다 같이 모여 특정한 예술 활동을 펼치지는 않았고, 각 회원들이 저마다의 예술을 추구하는 가운데 서로를 지원하고 비평하는 역할에 머물렀지요.

현재 이곳에는 관광객들로 넘쳐나는 사우스 스트리트 시포트가 자리하고 있습니다. 예술가들이 살았던 건물들이 대부분 철거된 가운데 그들이 자주 들르던 술집이자 선즈 오브 리버티Sons of Liberty●●의 만남의 장소, 독립 전쟁 기간 동안 사람들의 집합소이기도 했던 프란시스 터번Fraunces Tavern 만이 유일하게 남아 이곳을 지키고 있습니다. ※

● 네덜란드 서인도회사가 1625년 7월 뉴욕의 맨해튼 남쪽 끝에 건설한 식민도시
●● 미국의 독립운동을 지지한 비밀 결사에서 발족한 애국단체

DIANE ARBUS
Westketh Artists Community
55 BETHUNE STREET
GREENWICH VILLAGE

다이안 아버스, 웨스트베스 아티스트 커뮤니티

📍 그리니치 빌리지, 베툰 스트리트 55번지

예술가의 죽음 후
예술가를 위한 공간으로

Diane Arbus, Westbeth Artists Community/site of her suicide,
55 Bethune Street

1971년 극심한 우울증에 시달린 다이안 아버스 Diane Arbus는 마흔 여덟의 나이에 자살을 택하고 말았습니다. 그녀는 웨스트 빌리지에 위치한 거주 공간 겸 작업실, 웨스트베스 아티스트 커뮤니티 Westbeth Artists Community에서 신경안정제 바르비투르를 다량 복용한 뒤 손목을 그었습니다. 1960년대에 소외받는 사람들을 주로 사진에 담았던 다이안은 (많은 예술가가 그렇듯) 사후에 더욱 유명해졌고, 현대미술관에서는 그녀가 사망한 지 1년 후 회고전을 열기도 했습니다.

그녀가 사망한 이후로 웨스트베스 아티스트 커뮤니티는 뉴욕의 시각 예술과 행위 예술가들을 위한 저렴한 거주 공간 겸 작업실로 활용되었습니다(원래 이곳에는 최초의 TV가 개발된 벨 연구소 Bell Laboratories가 자리했었다).

건축가 리차드 마이어 Richard Meier의 손에서 재탄생한 웨스트베스 아티스트 커뮤니티는 384명의 예술가들에게 공간을 제공하다가 2007년 이후로 받지 않던 대기자를 2019년부터 다시 받기 시작했는데, 2014년 기준으로 한 달 평균 렌트비는 시가의 1/4에 불과한 800달러였다고 합니다. ✣

215

DONALD JUDD
Residence & Studio

101 SPRING STREET
SOHO

도널드 저드, 거주 공간 겸 작업실

📍 소호, 스프링 스트리트 101번지

거주 공간이라는
영구적인 예술작품

Donald Judd, Former Residence and Studio,
101 Spring Street

5층에 달하는 도널드 저드Donald Judd의 거대한 설치품은 그가 한때 거주했던 공간이기도 합니다. 저드는 1968년, 스프링 스트리트에 위치한 주철로 지은 이 역사적인 건물을 매입했는데, 당시 이곳은 철의 지역Cast Iron District이라 불리던 공업 지대였습니다. 많은 예술가들이 그렇듯, 저드는 저렴한 거주 공간 겸 작업실을 찾고 있었기 때문에, 그의 가족은 이곳에 터전을 잡았고 이 지역이 점차 인기를 끌면서 훗날 텍사스주 마파보다 한적한 곳으로 다시금 이사를 가게 됩니다. 저드는 스프링 스트리트에 위치한 이 스튜디오에서 미니멀리즘 작품을 다수 완성했는데, 그 과정에서 의도치 않게 1870년대에 지어진 이 건물을 보존하게 되었던 것입니다.

저드는 이곳에서 거주 공간이라는 영구적인 예술작품을 구현해내기도 했습니다. 프랭크 로이드 라이트Frank Lloyd Wright가 자신의 비전을 실현하려면 외부 공간과 내부 공간, 가구를 전부 디자인해야 한다고 믿었던 것처럼, 저드 역시 예술작품과 가구, 장신구의 배치가 모두 연결되어 있다고 생각했으며 하나의 응집력 있는 예술 경험을 제공하기 위해 이들을 꼼꼼히 배치

217

했습니다.

저드는 1994년에 사망했는데, 스프링 스트리트 건물에 위치한 그의 예술작품과 가구는 지금까지도 그가 배치한 그대로 놓여 있으며, 회전 갤러리로 이용되는 1층에는 저드의 삶에 영향을 미친 예술가들의 작품이 전시되어 있습니다.

새롭게 단장한 이 스튜디오는 2013년 6월 대중에게 개방되었습니다.

※

EDWARD HOPPER
Studio
3 WASHINGTON SQUARE NORTH
GREENWICH VILLAGE

에드워드 호퍼, 작업실

📍 그리니치 빌리지, 워싱턴 스퀘어 노스 3번지

인간의 고독을 담은
예술가의 작업실

Edward Hopper Studio,
3 Washington Square North

에드워드 호퍼Edward Hopper의 그림에는 그의 습관적인 고독이 스며들어 있습니다. 그의 그림에 등장하는 텅 빈 실내공간이나 도시 풍경은 밀집한 도시 공간에서 느껴지는 독특한 외로움을 잘 포착하고 있지요. 그는 평생 우울증과 부정적인 태도를 연료 삼아 예술작업에 전념했으며, 결국 자신의 작품을 긍정적으로 평가하는 사람들을 만나게 됩니다.

호퍼는 생계를 위해 일해야 하는 것을 싫어했으며, 다른 화가들처럼 하루하루 먹고살기 위해 상업적인 그림을 그리기보다는 '진짜 예술'에 몰두하고 싶어 했습니다. 그는 텅 빈 캔버스 앞에 며칠이고 앉아 있는 것으로 유명했으며, 또한 영감이 떠오르지 않으면 그 순간이 찾아올 때까지 느긋하게 시간을 보내곤 했습니다.

그럼에도 불구하고 그의 부정적인 성향이 예술가로서의 경력에 지장을 가져오지는 않았습니다. 1923년 마침내 인정을 받은 그는 자신의 뮤즈와 결혼을 했으며 대공황 기간에 미술관을 상대로 무수히 많은 작품을 팔았습니다. 그는 1942년, 워싱턴 스퀘어 파크에 위치한 작업실에서 그의 가장 유명한 작품인 인간의 고독과 도시의 황량함을 바라보는 그의 시선이 고스란히 녹아든 레스토랑 풍경 그림 〈나이트호크Nighthawks〉를 그렸습니다.

호퍼와 그의 아내는 1913년부터 호퍼가 사망한 1967년까지 케이프 코드를 비롯해 워싱턴 스퀘어 파크(현재 NYU의 일부)에 있는 그의 작업실에 거주했습니다. 꼭대기 층에 위치한 작업실은 난방도 되지 않았고 개인 욕조도 없을 만큼 허름했는데, 호퍼는 자신이 영웅으로 삼는 토머스 에이킨스Thomas Eakins가 그곳에서 그림을 그렸기 때문에 이 작업실에 머물기를 고집했습니다.

호퍼가 사망하고 10개월이 지난 뒤, 아내 조세핀Josephine은 호퍼의 모든 작품을 휘트니 미술관에 기증했습니다. ※

GAINSBOROUGH STUDIOS

STUDIOS

222 CENTRAL PARK SOUTH
MIDTOWN WEST

게인즈버러 스튜디오

📍 미드타운 웨스트, 센트럴 파크 사우스 222번지

센트럴 파크 사우스의 영감을 담은
아트 스튜디오

Gainsborough Studios,
222 Central Park South

오늘날 센트럴 파크 사우스 하면 관광객, 마차 차고, 값비싼 호텔 따위가 떠오릅니다. 예술가들이 정착하고 싶거나 그럴 수 있을 만한 곳이 아닌 듯 보이지만, 1908년 당시 예술가들은 아름다운 센트럴 파크에서 매일 영감을 받고 싶어 했고 센트럴 파크 북쪽에 내리쬐는 빛을 마음껏 즐기고 싶어 했습니다.

V. V. 시웰V. V. Sewell이라는 예술가는 뉴욕에서 괜찮은 작업실을 구하기가 너무 어렵다며 다른 예술가들과 함께 18세기 영국 화가 토머스 게인즈버러Thomas Gainsborough의 이름을 따 게인즈버러 코퍼레이션Gainsborough Corporation을 설립했습니다. 시웰의 지도하에 이 단체의 회원들은 자신들이 이용할 멋진 작업실 겸 아파트 건물을 지었습니다.

게인즈버러 스튜디오는 주위에 들어선 초고층 건물들 사이에서 단연 눈에 띕니다. 저층은 빅토리아 시대의 석재 조각으로 장식되어 있는데, 오스트리아 조각가 이지도어 콘티Isidore Konti의 프리즈,● 〈예술작품의 축제 행렬A Festival Procession of the Arts〉과 토머스 게인즈버러의 흉상도 그중 하나

입니다. 꼭대기 층에는 에드워드 7세 시대의 밝은색 타일 벽화가 걸려 있는데, 펜실베이니아 도일스타운 출신의 헨리 채스먼 머서Henry Chapman Mercer가 제작한 18세기 독일 도자기로 만든 것입니다.

센트럴 파크 사우스를 따라 서 있는 이 2층짜리 '아트 스튜디오'는 천장의 높이가 자그마치 5.5미터에 달합니다. 이는 아파트 건물이 아니라 호텔 건물로 등록한 덕분에 가능한 일이었는데, 당시에는 천장이 높은 스튜디오가 드물었습니다. 북향의 스튜디오는 듬뿍 내리쬐는 빛뿐만 아니라 마호가니와 오크 목공품, 장식적인 발코니, 벽난로, 빌트인 수납장, 납땜 유리문을 자랑합니다. 부유한 남성과 여성 예술가들은 이 화려한 건물의 부엌과 리셉션 공간, 레스토랑에 모여 함께 시간을 보내곤 했습니다.

1924년, 폴 C. 레터맨Paul C. Leatherman이라는 인테리어 디자이너가 이 건물의 1층에서 조각가 헬렌 M. R. 화이트Helene M. R. White를 인질로 잡은 사건이 발생하기도 했습니다. 그 사건을 제외하고는 이 아파트의 현재 가격이 가장 깜짝 놀랄만한 소식이라 할 수 있습니다. ✖

● 방이나 건물의 윗부분에 그림이나 조각으로 띠 모양의 장식을 한 것

GEORGE BELLOWS
Residence & Studio
146 EAST 19th STREET
GRAMERCY PARK

조지 벨로스, 거주 공간 겸 작업실

📍 그래머시 파크, 이스트 19번 스트리트 146번지

도시의 이면을 담은 예술가의 공간

George Bellows, Residence and Studio, 146 East 19th Street

1900년대 초, 이스트 19번 스트리트는 예술가들의 동네로, 로버트 윈트롭Robert Winthrop, 에델 베리모어Ethel Barrymore, 헬렌 헤이즈Hellen Hayes, F. 스콧 피츠제럴드F. Scott fitzgerald 모두 이 동네에 모여 살았습니다. 그리하여 이 지역은 건축가 프레드릭 스터너Frederick Sterner가 만든 스테인리스 유리와 타일로 장식된 독특한 예술 거리가 되었습니다.

윈트롭의 판타지 하우스 맞은편에는 뉴욕의 위대한 화가, 조지 벨로스George Bellows의 타운하우스도 있었습니다. 벨로스는 자신의 집 다락방을 아트 스튜디오로 개조했으며, 그곳에서 도시 생활의 가혹함이 담긴, 즉 고단한 노동계층과 유유자적하는 상류층의 모습을 담은 그림을 그렸습니다.

벨로스는 성공했지만, 그의 작품은 사회적·정치적 주제를 '너무 사실적으로' 묘사한다는 비난을 받곤 했습니다. 비평가들은 진실은 너무 큰 고통을 준다고 생각했던 것입니다. 벨로스는 1925년 마흔셋의 나이에 맹장염 합병증으로 사망하기 전까지 아내와 딸들과 함께 이곳에 살았습니다. ※

GEORGIA O'KEEFFE
& ALFRED STIEGLIETZ
Residence

525 LEXINGTON AVENUE
MIDTOWN EAST

조지아 오키프와 알프레드 스티글리츠, 거주 공간

📍 미드타운 이스트, 렉싱턴 애비뉴 525번지

정열적이지만 빠르게 지고 만 두 예술가의 만남

Georgia O'Keeffe and Alfred Stieglitz Residence,
525 Lexington Avenue

1916년, 조지아 오키프Georgia O'keeffe는 자신의 목탄 그림이 뉴욕의 한 갤러리에 전시되어 있다는 소식을 듣게 됩니다. 젊은 예술가에게는 깜짝 놀랄만한 소식이었지요. 그녀는 자신의 허락도 없이 작품을 전시한 사실에 이의를 제기하기 위해 291 갤러리에 갔다가, 이 갤러리의 소유자가 사진 분리파Photo Secessionist를 결성한 유명한 알프레드 스티글리츠Alfred Stieglitz임을 알게 됩니다. 애정 없는 결혼 생활을 유지하고 있던 스티글리츠는 1917년 오키프와 열정적인 사랑에 빠지게 되는데, 이 사랑은 두 예술가의 작업에 평생 큰 영향을 미치게 되었습니다.

1918년 스티글리츠는 아내 에멀린을 떠나 스물세 살이나 어린 오키프를 텍사스에서 뉴욕으로 데려왔습니다. 1925년, 두 사람은 쉘튼 호텔(현재 메리어트)의 13층에 둥지를 틀었고, 그동안 추상 예술 작업에 주로 전념해 온 오키프는 창문 밖으로 점차 자라나는 스카이라인을 화폭에 담기 시작했습니다. 아르 데코 작품의 보석이라 불릴 만한 〈라디에이터 빌딩과 밤Radiator Building-Night〉이 탄생한 곳도 바로 이곳입니다. 쉘튼 호텔로 이주한 지 2년 만에 탄생한 이 작품은 라디에이터 빌딩은 오키프를, 반짝이는 붉은색 줄무늬로 그려진 사이언티픽 아메리칸 빌딩은 스티글리츠를 상징한다는 의견이 지배적이며, 많은 사람들이 〈라디에이터 빌딩과 밤〉을 두 사람의 자화상으로 보았습니다.

전처에게 그랬던 것처럼 훗날 스티글리츠는 훨씬 더 젊은 여성과 바람이 나 결국 오키프를 버리고 마는데, 상대는 스물두 살의 도로시 노만Dorothy Norman이었습니다. 스티글리츠와 오키프는 1929년까지 쉘튼 호텔에 살았으며, 그 이후 오키프는 몰지각한 남편에게서 벗어나 뉴멕시코에서 많은 시간을 보내기 시작했습니다. ✖

JACKSON POLLOCK

Residence & Studio

46 CARMINE STREET
GREENWICH VILLAGE

잭슨 폴록, 거주 공간 겸 작업실

📍 그리니치 빌리지, 카민 스트리트 46번지

추상표현주의를 대표하는
예술가의 집

Jackson Pollock (and Aaron Burr), Residence and Studio,
46 Carmine Street, top floor

2011년, 평생 알코올 중독에 시달린 잭슨 폴록Jackson Pollock의 카민 스트리트 아파트가 매물로 나왔습니다. 약 74제곱미터밖에 되지 않는 이 스튜디오는 '펜트하우스'라고 홍보되었지만, 사실 걸어서 올라가야 하는 꼭대기 층에 가까웠습니다. 하지만 빛이 쏟아지는 4개의 천창을 보고 있으면 왜 폴록이 이곳에 살면서 그림을 그리기로 결심했는지 알 수 있을 정도였지요. 이 아파트의 매매가는 그의 어떤 작품보다도 저렴한 140만 달러였습니다.

폴록은 근처 시더 바에서 술을 마신 뒤 비틀거리며 집으로 들어오다가 각진 천장에 머리를 부딪친 뒤 침대에 뻗어 버리거나 좁디좁은 욕실에 놓인 일본식 욕조에서 다음 날 아침, 술이 깨곤 했을 것입니다.

이 건물은 나름의 역사가 깊은데, 알렉산더 해밀턴 전 재무장관과 결투를 벌인 제3대 부통령 에런 버Aaron Burr가 한때 이곳에 살기도 했습니다. 변호사로 일하던 시절부터 쭉 뉴욕에 살던 그는 반역죄로 체포된 이후 유럽으로 도망쳤지만, 결국 무죄를 선고받은 뒤 돌아와서 이 건물을 매입했다고 합니다. ❋

JASPER JOHNS
Studio

225 EAST HOUSTON
LOWER EAST SIDE

재스퍼 존스, 작업실

📍 로워 이스트 사이드, 이스트 휴스턴 225번지

최고의 작품을 만들어낸
작업실

Jasper Johns, Studio, 1967–88,
225 East Houston

1967년, 재스퍼 존스Jasper Johns는 휴스턴 가와 에섹스 가가 만나는 교차로에 위치한 프로비던트 론 소사이어티Provident Loan Society 건물을 매입했습니다. 이 시기는 평범한 일상의 사물을 화폭에 담아내는 존스의 미니멀리즘 양식이 앤디 워홀과 클래스 올덴버그Claes Oldenburg, 로이 리히텐슈타인에게 영향을 미치기 시작할 무렵이었습니다. 존스는 1912년에 지어진 이 은행 건물을 거대한 작업실 겸 거주 공간으로 개조했습니다. 커다란 창문을 통해 햇빛이 듬뿍 쏟아져 들어오는 이곳은 더할 나위 없이 훌륭한 작업 공간이었죠.

'더 뱅크'라는 이름이 붙은 이 작업실에서 존슨은 1960년대 말 깃발, 과녁, 지도 연작을 포함하여 최고의 작품들을 쏟아냈습니다. 1970년대가 되자 그는 기하학 석판 인쇄, 단색 작업, 교차 빗금무늬 등 새로운 도전을 감행하기도 했습니다. 그 후 존스는 투지 넘치는 로워 이스트 사이드 작업실과 뉴욕주 남동부의 한적한 스토니 포인트 작업실을 오가며 활동을 이어갔는데, 1980년대에는 주로 스토니 포인트 집에 머무르며 다시 한번 새로운 시도에 나섭니다. 보다 직접적이며 감성적인, 심지어 자전적이기까지 한 그림을 그리기 시작한 것입니다. 맨해튼에 올 때면 여전히 '더 뱅크'에 머물렀지만, 그곳은 주로 대형 작품을 저장하는 장소로 이용했습니다.

1988년, 존스는 코네티컷으로 아예 이주했으며 로워 이스트 사이드의 작업실은 나이트클럽들이 연이어 들어서다가 결국에는 문을 닫고 말았습니다. 랜드마크 지위를 부여받지 못한 이 건물의 자리에는 머지않아 12층짜리 주거 건물이 지어질 예정입니다. ※

JAY MAISEL
Residence & Street Art

190 BOWERY
NOLITA

제이 마이젤, 거주 공간 겸 스트리트 아트센터

📍 노리타, 바우어리 190번지

거리 예술가들의 갤러리가 된
건물

Jay Maisel, Artist Residence and Street Art Center,
190 Bowery

스프링 스트리트와 바우어리 스트리트에 위치한 이 역사적인 다목적 건물은 2015년 매각되기 전까지 베일에 싸여 있었습니다. 그라피티가 성행한 1970년대 건물의 외벽은 거리 예술가들이 구축한 일종의 옥외 갤러리가 되었으며, 노숙자 쉼터인 바우어리 미션에서 쏟아져 나오는 노숙자들은 그 옆으로 사용되지 않는 거리의 한구석에 진을 치고 있었지요. 한동안 게릴라 예술가들의 성소로 사용된 건물 외관에는 바우어리의 거친 시절이 고스란히 반영되어 있습니다.

이 인상적인 건물이 방치되었다고 생각하는 이들도 많지만, 자그마치 방이 72개나 있는 이 건물은 광고 사진작가 제이 마이젤Jay Maisel이 가족과 함께 2015년까지 살았던 가정집입니다. 그는 1966년 이 집을 10.2만 달러에 매입해 훗날 5,500만 달러에 매각했습니다. 마이젤은 한때 은행이 들어섰던 층을 자신의 사진 스튜디오로 사용하며 55년 동안 이 동네의 모습을 사진에 담았으며, 1층은 뉴욕에 막 도착한 로이 리히텐슈타인에게 임대해 주기도 했습니다.

1898년에 지어진 이 6층짜리 게르마니아 뱅크 빌딩은 보자르 양식의 대저택(약 3,251제곱미터)으로, 뉴욕 내 리틀 저머니라 불리는 동네의 중심부에 위치하고 있습니다. 황금기를 거친 후 이 동네는 한동안 빈민굴로 전락했는데, 실제로 마이젤 가족이 이곳에 정착했던 1966년, 이 건물 옆에는 바우어리 미션과 걸인, 상점이 즐비했습니다. 7년 후 건너편에 술집, CBGB가 문을 열 때까지도 상황은 크게 나아지지 않았지만, 바우어리 호텔과 뉴 뮤지엄 New Museum이 들어서면서 마침내 이 동네는 노숙자 쉼터와 고급 연회장과 레스토랑, 상점이 뒤섞인 새로운 모습으로 변신하게 되었습니다. 마이젤은 결국 이 집을 매각했지만, 새로운 주인에게 거리 예술가들이 계속해서 1층 외벽에 그림을 그릴 수 있게 해달라고 요청했다고 합니다. ※

JEAN-MICHEL BASQUIAT
Residence & Studio

57 GREAT JONES STREET
EAST VILLAGE

장 미쉘 바스키아, 거주 공간 겸 작업실

📍 이스트 빌리지, 그레이트 존스 스트리트 57번지

짧지만 강렬했던
대표 낙서화가의 공간

Jean-Michel Basquiat, Residence and Studio,
57 Great Jones Street

그레이트 존스 스트리트 57번지 건물은 지난 150년 동안 다양한 용도로 이용되어 왔습니다. 한때는 마구간이나 과일 판매점으로, 또 한때는 폭력배들의 소굴로 이용되었으며 최근에는 소개를 받아야만 들어갈 수 있는 호화로운 레스토랑이 들어서 있습니다. 이 건물은 무엇보다도 예술의 역사가 이루어진 곳으로 유명합니다. 반달 모양의 창문이 달린 수수한 이 벽돌 건물은 뉴욕에서 나고 자란 장 미쉘 바스키아Jean-Michel Basquiat가 스물일곱의 나이로 요절하기 전까지 머물며 작업했던 곳입니다.

바스키아의 삶은 짧지만 강렬했습니다. 이스트 빌리지 전역을 SAMO●라는 글씨로 도배한 그라피티 아티스트로 예술계에 뛰어든 그는 훗날 빈센트 갈로Vincent Gallo와 그의 밴드 그레이Gray와 함께 펑크록을 하기도 했습니다. 그레이는 맥시스 캔자스 시티, CBGB, 머드 클럽에서 정기 공연을 했고, 바스키아는 이곳에서 다운타운의 스타 예술가들을 만났습니다. 그들은 바스키아가 〈다운타운 81Downtown 81〉이라는 영화뿐만 아니라 이스트 빌리지 밴드, 블론디Blondie가 제작한 〈랩처Rapture〉라는 영상에도 출연하도록 도

와주었습니다.

특유의 신표현주의 양식의 그림을 그리게 되면서 바스키아는 1982년 앤디 워홀을 만나게 되고 그의 유명한 친구들과 함께 작업하기 시작합니다. 바스키아는 앤디 워홀이 소유한 팩토리에서 갤러리 소유주 아니나 노세이Annina Nosei, 래리 가고시안Larry Gagosian, 매리 분Marry Boone의 마음을 사로잡은 작품을 그리기도 했습니다. 워홀이 사망한 지 얼마 되지 않은 1988년 8월 12일, 바스키아는 다량의 헤로인 복용으로 이 건물에서 사망하고 말았습니다.

남북 전쟁 당시 이 건물은 마구간으로 사용되었으며, 1900년대 초에는 이탈리아 무리들이 자주 찾는 댄스홀 겸 살롱으로 개조되었습니다. 1905년, 한 폭력배가 이 건물 안에서 총에 맞고 살아남았지만, 이틀 후 또 다른 누군가의 총에 맞는 사건이 발생하기도 했습니다. ※

● 'Same Old Shit'의 약자로 바스키아가 친구 알 디아즈와 함께 맨해튼 곳곳에 그린 낙서화

KEITH HARING
Mural AT THE FORMER
School of Visual Arts Gallery
260 WEST BROADWAY
TRIBECA

키스 해링, 시각 예술 대학교 전시 벽화가 걸려 있는 사택

📍 트라이베카, 웨스트 브로드웨이 260번지

소호 주택 거실에 놓이게 된
예술작품

Keith Haring, College-era Mural,
260 West Broadway, private residence

어느 날, 762제곱미터에 달하는 소호의 '복층 주택'을 개조하는 과정에서 유명한 예술작품이 발견되었습니다. 그 작품은 1978년 시각 예술 대학교 재학 시절 키스 해링이 교내 전시를 위해 그린 벽화였습니다. 당시에 이 집은 학생 갤러리로 사용되었습니다. 학창 시절 해링의 작품에 나타나는 추상적인 형태는 그가 1970년대 말, 거리에 그려 넣은 특유의 춤추는 듯한 형상의 초석이 되었을 것입니다.

부동산 중개인들은 구두약과 알코올로 만들어진 이 작품을 미술관에 전시하거나 개인 소장품으로 삼고 싶어 했지만, 작품이 지닌 특성상 손을 댔다가는 귀한 작품이 자칫 돌무더기가 될 수도 있었기 때문에, 결국 그 상태 그대로 이 저택의 거실 한 편에 기적처럼 놓이게 되었던 것입니다.

19세기에 지어진 미국 트레드 빌딩American Thread Building은 이제 복층 높이의 천장, 아름다운 창문에 더해 해링의 작품까지 품었습니다. 위대한 예술가가 한때 이 집의 복도를 거닐며 본격적인 작품의 시초가 될 벽화를 그렸다는 사실만으로도 이곳의 가치는 어마어마하다고 할 수 있습니다. ✖

LOUISE BOURGEOIS
Residence & Studio
347 WEST 20th STREET
CHELSEA

루이즈 부르주아, 거주 공간 겸 작업실

📍 첼시, 웨스트 20번 스트리트 347번지

페미니스트 운동의 선구자이자
조각가의 공간

Louise Bourgeois, Residence and Studio,
347 West 20th Street

한때 루이즈 부르주아Louise Bourgeois가 머물렀던 20번 스트리트는 첼시 한가운데 자리한 고요한 전원 같은 분위기를 풍기고 있습니다. 이 거리의 남쪽에는 1850년대에 지어진 브라운스톤 건물들이 들어서 있으며 북쪽으로는 미국 성공회의 신학대학이 자리하고 있습니다.

부르주아와 남편 로버트 골드워터Robert Goldwater는 1962년에 이 저택을 매입했는데, 1972년 남편이 사망하자 부르주아는 거실의 일부를 작업실로 개조했습니다. 추상 표현주의자이자 초현실주의자, 페미니스트 운동의 선구자로 알려진 이 조각가는 2010년 아흔여덟의 나이로 사망하기까지 상당수 중요한 작품을 이곳에서 완성했지요.

부르주아는 이 공간을 유명한 예술가나 젊은 예술가들을 위해 살롱을 개방하기도 했습니다. 그녀는 매주 일요일, 예술가나 작가 등 나이를 불문하고 창의적인 활동에 몸을 담고 있는 사람들을 살롱에 초대했습니다. 한번은 포트폴리오를 봐주겠다고 젊은 예술가들을 초대하기도 했는데, 수많은 예술가가 그녀의 신랄한 비평을 기대하며 자신의 최신작을 들고 건물 밖에 줄지어 서 있는 광경을 연출하기도 했습니다.

　　부르주아는 1940년대 남편과 함께 뉴욕으로 이주했는데 이곳에 도착한 지 얼마 되지 않아 뉴욕의 주요 인물로 부상하며 배신이나 초조, 외로움 같은 비극적인 주제를 상기시키는 조각을 제작하기 시작했습니다. 아버지가 가정교사와 바람이 난 사건이 그러한 주제를 다루는 계기가 되었을 것으로 짐작됩니다.

　　언젠가 첼시 갤러리에 갈 일이 생긴다면, 아름다운 20번 스트리트를 지나가는 길에 잠시 멈춰서 순수한 마음으로 예술계에 크게 기여한 부르주아에게 경의를 표해보는 것은 어떨까요. 현재 이 타운하우스를 소유한 부르주아의 이스톤 재단Easton Foundation은 이 성소를 대중에게 공개할 날만을 손꼽아 기다리고 있습니다. ❋

MARC CHAGALL
Residence

4 EAST 74ᵗʰ STREET
UPPER EAST SIDE

마르크 샤갈, 거주 공간

📍 어퍼 이스트 사이드, 이스트 74번 스트리트 4번지

색채 마술가의
평화로운 공간

Marc Chagall, Residence,
4 East 74th Street

모더니즘 예술가 마르크 샤갈은 뉴욕에서 7년밖에 살지 않았지만, 그의 마지막 손길은 아직까지도 뉴욕에 남아 있습니다. 링컨 센터에 놓여 있는 그의 아름다운 벽화는 이곳에 위치한 메트로폴리탄 오페라하우스만큼이나 유명하며 그의 기부로 UN 건물에 설치된 거대한 스테인리스 유리 작품, 〈평화 창문Peace Window〉은 1963년 이래로 이곳을 방문하는 이들의 탄성을 자아내고 있습니다.

러시아에서 태어난 유대인인 마르크 샤갈은 1941년, 나치의 점령하에 놓인 파리를 떠나 아내와 함께 뉴욕으로 향했고, 부부는 보자르 양식으로 지어진 건물의 꼭대기 층에 둥지를 틀었습니다. 센트럴 파크가 코 닿을 거리에 있는 이스트 74번 스트리트 4번지에 자리한 건물이었습니다. 이곳에서 샤갈은 낮에는 유럽에서 가져온 작품을 손보았으며, 밤에는 아내와 함께 도시를 산책했습니다. 부부는 아파트를 파리 스튜디오처럼 꾸몄고, 1944년 아내가 사망할 때까지 이곳에서 평화로운 삶을 살았다고 합니다. ✤

MARCEL DUCHAMP
Residences & Studios

33 WEST 67th STREET   246 WEST 73rd STREET
34 BEEKMAN PLACE   210 WEST 14th STREET
1947 BROADWAY   28 WEST 10th STREET
         80 EAST 11th STREET

마르셀 뒤샹, 거주 공간 겸 작업실

📍웨스트 67번 스트리트 33번지   📍비크만 플레이스 34번지

📍웨스트 73번 스트리트 246번지   📍웨스트 14번 스트리트 210번지

📍브로드웨이   📍웨스트 10번 스트리트 28번지   📍이스트 11번 스트리트 80번지

역사 속으로 사라진
뛰어난 예술가의 작업실

Chasing Marcel Duchamp around New York:
1915–17, 33 West 67th Street | 1917–18, 34 Beekman Place
1920, 246 West 73rd Street | 1942, 210 West 14th Street
1959, 28 West 10th Street | 1947, Broadway
1965, 80 East 11th Street (demolished 2019)

선구적인 초현실주의자, 입체파, 허무주의적 예술가 마르셀 뒤샹Marcel Duchamp은 뉴욕에 여러 번 거처를 마련했습니다. 그가 처음 뉴욕에 발을 디딘 것은 제1차 세계 대전이 발발한 1915년이었습니다. 유럽에서 도망친 그는 예술 후원자 루이스와 월터 콘라드 아렌스버그Louise and Walter Conrad Arensberg가 소유한 웨스트 67번 스트리트 33번지 작업실로 들어갔습니다. 아렌스버그는 뒤샹과 평생 친구 관계를 유지했으며 2년 동안 그에게 임대료 대신 필라델피아 미술관에 그의 작품을 영구적으로 전시하게 해달라고 요청했습니다. 오늘날 〈대형 유리The Large Glass〉로 더 널리 알려진 〈독신자에게 벌거벗겨진 신부Bride Stripped Bare by her Bachelors, Even〉라는 작품이었지요. 이곳에서 그는 소변기에 'R. Mutt 1917'이라고 서명한 〈샘Fountain〉이라는 악명 높은 레디메이드•를 선보이기도 했습니다. 이 소변기는 5번 애비뉴 118번지에 위치한 세라믹 소변기 제조회사 J. L. 모트 아이런 워크J. L. Mott Iron Works에서 제작하는 베드퍼드셔 표준 모델이었습니다. 뒤샹은 훗날 다른 아파트 두 곳에서 살다가 1918년 뉴욕을 떠나게 됩니다.

1920년, 진짜 파리 공기로 가득한 유리 앰플인 〈파리의 공기Paris Air〉
를 갖고 뉴욕으로 돌아온 그는 웨스트 73번 스트리트 246번지에 둥지를 틀
었습니다. 하지만 이듬해 다시 파리로 돌아가 한동안 그곳에 살다가 1942년
전쟁을 피해 다시 뉴욕으로 돌아왔습니다. 이번에는 웨스트 14번 스트리트
210번지에 정착하는데, 바로 이곳에서 뒤샹은 동네를 돌아다니면서 발견한
사물들을 이용해 〈에탕 도네Etant Donnes〉를 남몰래 작업하기 시작합니다.♦

여생 동안 뒤샹은 여행을 많이 다녔지만, 늘 뉴욕을 본거지로 삼았
습니다. 그는 계속해서 〈에탕 도네〉의 작업에 전념했는데 처음에는 웨스트
10번 스트리트 28번지에서, 그다음에는 1968년 사망하기 전까지 머문 이스
트 11번 스트리트 80번지에서 작업을 이어갔습니다. 뒤샹은 자신이 죽은 후
에 작품이 공개되도록 했는데, 세상에 주는 사후 선물인 셈이었습니다. 그는
자신의 작업실인 403호에 이 작품을 남겨두었고, 이 작품은 그가 죽은 후 해
체되어 필라델피아 미술관에 영구 전시되었습니다. 한때 세인트 데니스 호
텔ST. Denis Hotel로 이용된 그의 마지막 작업실 건물은 나름의 역사가 풍부
한데, 안타깝게도 이 책을 편집하는 동안 유리로 지은 12층짜리 콘도 건물을
세우기 위해 완전히 철거되었습니다. ✖

● 현대 미술의 오브제로 일상의 기성제품을 본래의 용도가 아닌 다른 의미를 부여하여 조
각 작품으로 발표한 것
♦ 이 작품의 작업은 22년 동안 이어진다.

PEGGY GUGGENHEIM
Residence

JACKSON POLLOCK mural
155 EAST 61st STREET
UPPER EAST SIDE

페기 구겐하임, 거주 공간

📍 잭슨 폴록의 〈벽화〉, 어퍼 이스트 사이드, 이스트 61번 스트리트 155번지

일류 예술가들이 모이는
사교 공간

Peggy Guggenheim, Residence, Jackson Pollock's Mural, 1943,
155 East 61st Street

　　왕성한 수집가 페기 구겐하임Peggy Guggenheim은 1943년, 소원해진 남편 막스 에른스트Max Ernst와 결별한 뒤 복층 아파트로 거처를 옮겼습니다. 새로운 곳에 자리를 잡은 그녀는 자신의 집을 뉴욕의 일류 예술가들이 모이는 사교 공간으로 만들었지요. 그 무렵 그녀의 선별적인 안목은 잭슨 폴록에게로 향했는데, 잭슨 폴록은 그녀가 비대상회화 미술관(훗날 구겐하임 미술관)의 관리인으로 일하면서 '발견한' 화가였습니다. 구겐하임은 폴록에게 자신의 집 로비에 놓을 거대한 벽화를 제작해 달라고 의뢰했습니다. 처음에 그녀는 폴록이 벽에 직접 그리기를 원했으나 알고 지내던 뒤샹이 화폭에 그리는 편이 나을 거라고 설득했습니다.

　　폴록의 초기 작품인 〈벽화Mural〉는 통제된 소용돌이와 형태의 연작으로, 뚝뚝 떨어질 것만 같은 그의 액션 페인팅●의 전조라 하겠습니다. 길이 6미터, 높이 2.4미터의 이 그림은 구겐하임의 예상보다 조금 더 컸고, 결국 로비 공간에 딱 맞도록 하루 내내 힘겨운 설치작업이 이어졌습니다. 그리고 구겐하임은 이 작품이 공개되는 날 자신의 지인들을 초대했습니다.

알코올 중독자로 유명했던 폴록은 공공장소에서 소변을 보는 습관이 있었는데, 작품을 공개하는 행사에서 만취한 상태로 나타나서는 벽난로에 모두가 보는 앞에서 바지를 내리고 소변을 보았다고 합니다.

구겐하임은 훗날 폴록의 이 작품을 아이오와 스탠리 미술관에 기증했습니다. ✳

● 화폭에 물감을 뿌려서 그리는 방식이나 그러한 그림

PEGGY GUGGENHEIM
& MAX ERNST
Love Nest
440 EAST 51st STREET
UPPER EAST SIDE

페기 구겐하임과 막스 에른스트, 거주 공간

📍 어퍼 이스트 사이드, 이스트 51번 스트리트 440번지

예술가와 수집가의
어긋난 만남

Peggy Guggenheim and Max Ernst,
440 East 51st Street

예술가와 수집가의 로맨틱한 관계는 좋지 않은 결말로 이어지고는 합니다. 바로 페기 구겐하임과 막스 에른스트가 대표적인 예죠. 페기 구겐하임은 평생 천 명에 달하는 애인을 둘 정도로 남성 편력이 대단했습니다. 하지만 지칠 줄 모르는 욕망에도 불구하고 구겐하임이 결혼한 남자는 단 두 명밖에 되지 않았는데, 시인 로렌스 베일Laurence Vail과 초현실주의자 막스 에른스트였습니다. 에른스트와 구겐하임은 떠들썩한 결혼식을 올린 뒤 어퍼 이스트 사이드에 위치한 호화로운 타운하우스에서 한동안 함께 살았습니다.

구겐하임은 1938년 런던 갤러리에서 다다이즘과 입체파, 초현실주의 작품을 발 빠르게 수집하고 있을 때, 에른스트를 만났습니다. 미술관을 열 생각으로 파리에 간 그녀는 하루에 한 작품씩 구입해가며 에른스트와 바람을 피우기 시작했지요. 1942년에 결혼식을 올린 그들은 독일이 점령한 파리를 떠나 뉴욕으로 향했고, 얼마 후 그녀는 또 다른 갤러리를 열었으며 한동안 뉴욕 예술계의 중심지가 된 이 사랑의 보금자리로 거처를 옮겼습니다.

하지만 축복은 오래가지 못했고 부부는 결혼한 지 1년 만에 별거에 들어갔습니다. 그러다가 구겐하임의 전시를 도운 도로시아 태닝**Dorothea Tanning**과 에른스트가 바람을 피우면서 결국 두 사람은 1946년에 이혼하고 맙니다. 이혼한 후 구겐하임은 베니스로 떠나 새로운 미술관을 열었고, 에른스트는 태닝과 결혼해 캘리포니아 세도나로 이주한 뒤 1976년 사망하기 전까지 그곳에 살았습니다.

이 부부는 처음부터 결별할 운명이었는지도 모릅니다. 그들이 둥지를 튼 타운하우스는 독립전쟁 기간에 나단 헤일**Nathan Hale**이 참수형에 처한 곳으로 알려져 있기 때문이지요. ❇

PiET MONDRIAN
Residence

345 EAST 56th STREET
MIDTOWN EAST

피에트 몬드리안, 거주 공간

📍 미드타운 이스트, 이스트 56번 스트리트 345번지

화려하고 대담한 뉴욕의 영향을 받은
예술가의 공간

Piet Mondrian, Artist Residence,
345 East 56th Street

추상적인 기하학 그림과 데 스틸 운동●으로 유명한 피에트 몬드리안Piet Mondrian은 제2차 세계 대전 기간 독일의 기습을 피해 1940년, 뉴욕에 정착했습니다. 몬드리안은 이 작은 아파트에 자리를 잡는데 맨해튼의 영향을 받아 그의 작품은 이곳에서 큰 변화를 맞이하게 됩니다.

네덜란드에서 자란 몬드리안은 그때부터 네덜란드와 파리, 런던을 오가며 작품 활동을 하기 시작합니다. 검은 수직선과 다양한 색상의 정사각형으로 이루어진 특유의 '마름모꼴' 그림을 개발했으며, 때로는 다이아몬드 형태를 만들기 위해 캔버스를 삐딱하게 기울인 채 작업하기도 했습니다. 뉴욕에 정착하면서 재즈 음악이나 브로드웨이의 번쩍이는 빛 등 새로운 환경으로부터 영향을 많이 받게 되자 그의 정적인 작품에는 움직임이 생겨났고, 검은 선은 붉은색, 파란색, 노란색 등 대담한 색상으로 갈아입게 되었죠. 재즈에 푹 빠진 몬드리안은 맨해튼의 시끌벅적한 분위기에 취해 예전보다 활기찬 작품을 선보이기 시작했습니다. 현대미술관에 전시된 〈브로드웨이 부기

우기Broadway Boogie Woogie〉에서는 그의 전형적인 기하학 작품이 일련의 추상적인 정사각형으로 바뀌어 있는 모습을 볼 수 있는데, 이 사각형들은 인근 극장의 불빛처럼 반짝반짝 빛나고 있습니다.

　　몬드리안은 1943년 가을까지 3년 동안 이곳에서 왕성한 작업 활동을 했으며, 그 후 이스트 59번 스트리트 15번지로 이사해 몇 개월 후인 1944년, 사망할 때까지 그곳에 머물렀습니다. ✖

●1917년 네덜란드에서 일어난 추상 미술 운동으로 20세기 미술과 건축에 영향을 주었다.

ROBERT WINTHROP CHANLER
House of Fantasy
Giraffe Facade

147 EAST 19th STREET
GRAMERCY PARK

로버트 윈스롭 체인러, 판타지 하우스/기린 파사드

📍 그래머시 파크, 이스트 19번 스트리트 147번지

손님을 환영하는 각종 동물 작품들로 이루어진 판타지 하우스

Robert Winthrop Chanler, House of Fantasy/Giraffe Facade,
147 East 19th Street

이스트 19번 스트리트 147번지에 자리한 기린이 그려진 아치형 입구는 한때 뉴욕 상류층 예술 커뮤니티로 들어가는 출입구였습니다. 이 사교계의 중심지는 바로 뉴욕 명문가 출신의 벽화가, 로버트 윈스롭 체인러Robert Winthrop Chanler의 저택이었습니다. 윈스롭 체인러는 1890년대 예술을 공부하러 잠시 파리에 갔다가 뉴욕으로 돌아와 작업을 시작했고, 1913년 최초의 아모리쇼●에 자신의 작품을 출품했습니다.

그의 주요 고객 역시 거트루드 밴더빌트 휘트니Gertrude Vanderbilt Whitney, 마이 로저스 코Mai Rogers Coe 같은 최상류층이었습니다. 이 두 거물은 그에게 롱아일랜드 저택에 설치할, 바닥부터 천장에 이르는 거대한 벽화를 그려달라고 의뢰했습니다. 그들은 예술계의 다른 고객들과 함께 기린이 그려진 아치를 통과해 체인러의 집으로 들어가 나무늘보와 원숭이를 만났습니다. 그래머시 파크에 위치한 그의 집에서는 전자리 상어, 게, 해마, 장어, 거북이가 풀장에서 뒤섞여 놀았고 큰 까마귀와 큰부리새가 꽥꽥거렸지요.

체인러는 모처럼 준비한 저녁 식사 자리를 기념하기 위해 동물들을 묘사한 그림을 남기기도 했는데, 그가 자신의 집에 걸어두었던 이 그림들은 고객들에게도 인기가 있었습니다. 동물을 향한 그의 사랑은 이 타운하우스의 외관에서도 분명하게 드러납니다. 판타지 하우스로 들어오는 고객을 환영하는 기린이 그려진 아치도 그중 하나로, 이 아치는 오늘날까지도 과거 모습 그대로 남아 있습니다. ※

• 1913년 뉴욕에서 열린 미국 최초의 국제 근대 미술전

SALMAGUNDI CLUB

47 FIFTH AVENUE
GREENWICH VILLAGE

살마간디 클럽

📍 그리니치 빌리지, 5번 애비뉴 47번지

과거 뉴욕 예술가들의 삶을 느낄 수 있는 타임캡슐

Salmagundi Art Club,
47 Fifth Avenue

5번 애비뉴 47번지에 남아 있는 유일한 사유지 브라운스톤 건물에 둥지를 튼 살마간디 클럽Salmagundi Club은 1917년 예술가들의 사회생활을 엿볼 수 있는 타임캡슐에 가깝다고 할 수 있습니다. 1874년에 설립된 이 클럽은 원래 '뉴욕 스케치 클래스'라 불렸으며 예술가들(정확히 말하면 남성 예술가들)의 집합소로 사용되었습니다. 이곳에서 예술가들은 그림 수업이나 전시회를 열고 예술 이론이나 사상을 논하곤 했습니다. 예술가들은 예술작품 수집가를 이 클럽의 회원으로 받아들일 경우, 자신들의 작품을 파는 데 도움이 되리라 생각했고 결국 이 클럽은 워싱턴 어빙Washingtonn Irving의 논문을 인용해 '많은 재료'라는 뜻의 살마간디 클럽으로 불리게 되었습니다. 살마간디는 이 클럽의 카페에서 판매하는 스튜를 가리키는 말이기도 했습니다.

살마간디 클럽은 세 개의 갤러리, 도서관, 레스토랑, 바, 빈티지 당구대, 응접실을 갖춘 역사적인 건물에서 100년이 넘는 시간 동안 재현 예술을 지원해 오고 있습니다. 여성 예술가는 1973년까지 이 클럽에 가입할 수 없었습니다. 여성들은 이곳에 작품을 전시하고 찬사를 받기도 했지만, 근처에 자리한 펜과 붓 클럽Pen and Brush Club에만 가입할 수 있었지요. 오랜 역사에 걸맞게 이 클럽은 1,500점이 넘는 작품을 소유하고 있으며, 그중 방대하고 매력적인 작품의 상당수가 전시되어 있습니다.

클럽이 전시회나 강연회를 위해 대중에게 문을 열 때면 일반인들도 과거 뉴욕 예술가들의 삶을 간접적으로나마 느껴볼 수 있습니다. ※

WiLLEM DE KOONING
Studio
85 FOURTH AVENUE
EAST VILLAGE

빌럼 데 쿠닝, 작업실

📍 이스트 빌리지, 4번 애비뉴 85번지

예술가의
페르소나에 맞는 공간

Willem de Kooning's Spartan Studio,
85 Fourth Avenue

1946년, 빌럼 데 쿠닝William de Kooning과 일레인 데 쿠닝의 결혼 생활은 파탄 직전이었습니다. 그들은 둘 다 과한 음주를 즐겼으며 대놓고 바람을 피웠습니다(일레인은 빌럼의 직장 동료에게까지 유혹의 손길을 뻗었다). 방 2개짜리 작은 아파트에 갇혀 있다고 생각한 빌럼은 찌는 듯한 늦여름 새로운 작업실을 마련하기로 결심합니다. 당시 빌럼은 다 해어진 옷을 입은 채 도심에 나타나곤 했기 때문에 4번 애비뉴에 위치한 작업실은 그의 페르소나에 딱 들어맞는 공간이었습니다.

허름한 이 건물에는 알전구가 달려 있었으며 뜨거운 물은커녕 난방도 되지 않고 화장실조차 없었습니다. 빌럼은 이젤 옆에 놓인 침대에서 잠을 청했고, 스튜디오에 놓인 의자는 머지않아 그의 전부가 되었습니다. 그는 이 의자에 앉아 책을 읽거나 사진을 바라보았으며 모닝커피와 재떨이를 놓아두기도 했습니다. 그의 걸작들은 이 작업실에서 탄생했습니다. 빌럼이 프란츠 클라인Franz Kline, 로버트 마더웰Robert Motherwell, 마크 로스코Mark Rothko와 교류할 수 있는 계기가 된 작품들이었지요. ※

6장
건축이 품은
예술

|

예술과 건축의 결합은 언제나 아름답다.
조각품은 건물과의 다양한 조합을 꾀하며 건물 밖으로 튀어나와 있거나
건물에 매달려 있으며 때로는 건물의 입면을 골조로 사용하기도 한다.
예술로 치장된 건축물만큼 아름다운 작품은 없을 것이다.

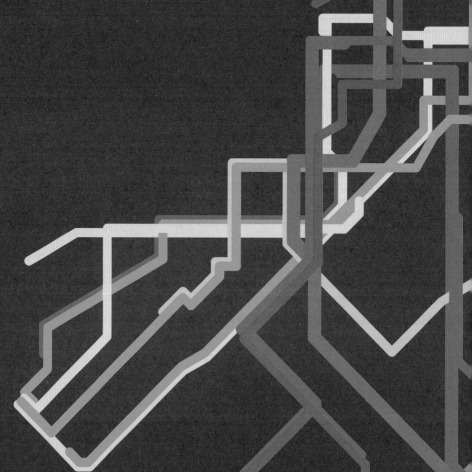

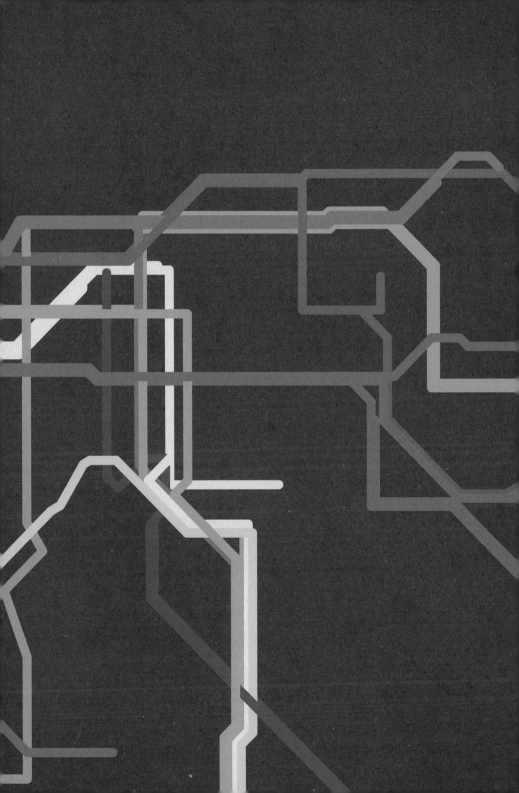

FORREST MYERS
The Wall
599 BROADWAY
SOHO

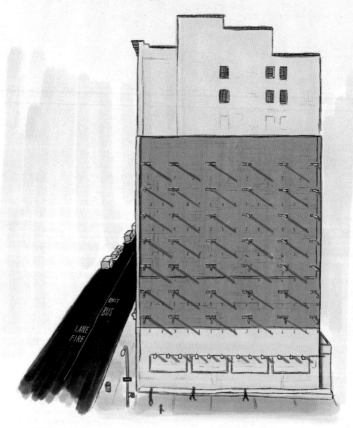

포레스트 마이어스, 〈더 월〉

📍 소호, 브로드웨이 599번지

광고판을 위해 옮겨져야 했던
예술작품

Forrest Myers, The Wall, 1973,
599 Broadway at Houston

브로드웨이 599번지에 위치한 파란색 정사각형과 그 위로 툭 튀어나온 녹색 강철 바들은 거대한 공공 예술품이자 예술이 광고를 이긴 사례라 할 수 있습니다. 포레스트 마이어스Forrest Myers의 〈더 월The Wall〉이라는 이 작품은 12층에 달하는 건물의 북쪽 파사드에 난 건축적 상흔을 덮기 위해 1973년 도시 성벽City Wall이 의뢰한 작품입니다. '소호로 향하는 입구'라는 별명을 얻은 이 작품은 소호가 오늘날 쇼핑의 중심지가 되기 전, 그러니까 수많은 예술가들이 상업 로프트를 작업실로 쓰던 시대에 이 동네로 향하는 상상의 입구 역할을 했습니다.

1997년 이후 이 작품은 건물 소유주와 주 정부 간에 수많은 논란을 낳았습니다. 소유주들은 이 작품이 건물에 누수를 초래하고 있다고 주장했지만, 많은 사람들은 이를 교통량이 많은 이 건물에 광고 수익을 창출할 거대한 광고판을 세우기 위한 술책으로 여겼습니다.

건물이 보수 작업에 들어간 2002년에 이 작품은 철거되었지만, 공사가 완료된 이후에도 폐기되지 않고 창고에 보관되었습니다. 이 건물은 랜드

마크 지위를 누리는 지역에 위치했기 때문에 연방 소송의 대상이 되었고 마이어스는 1997년 소송을 제기했으나, 2005년 결국 패소 판결을 받았습니다.

이 작품은 일시적으로 철거되었고 그 후로도 몇 번의 소송이 더 이어졌으나 지역사회의 헌신적인 지원 덕분에 2007년 마침내 주 정부와 소유주 간에 합의가 이루어졌습니다. 결국 지상에 광고판을 설치할 공간을 마련하기 위해 이 작품은 5.5미터 위로 옮겨졌으며, 원래의 알루미늄 바가 손상되는 바람에 당시 65세였던 마이어스의 감독하에 새로운 바가 제작되었습니다. 그는 이 작품을 다룬 영화가 제작된다면 브래드 피트가 자신의 역할을 연기해야 할 거라고 수줍은 듯 말하기도 했습니다.

건물 소유주들은 이 작품이 없었더라면 1년에 60만 달러가 넘는 광고 수익을 볼 수 있을 거라고 말하기도 합니다. ✖

GUTZON BORGLUM
The Four Periods of Publicity
20 VESEY STREET
LOWER MANHATTAN

거츤 보글럼, 〈언론의 네 구간〉

📍 로어 맨해튼, 베시 스트리트 20번지

뉴욕의 랜드마크로 지정된
작품

Gutzon Borglum, The Four Periods of Publicity, 1906,
20 Vesey Street

덴마크계 미국인 조각가 거츤 보글럼Gutzon Borglum은 누구나 아는 이름이 아니지만, 사우스 다코타의 거대한 대통령 얼굴 조각상 〈러시모어 산Mount Rushmore〉이라면 모두가 알 것입니다.

뉴욕에도 보글럼의 능숙한 솜씨를 엿볼 수 있는 작품이 있는데 바로 아내 에스텔 룸볼드 콘Estelle Rumbold Kohn과 함께 만든 네 개의 조각품으로 금융 지구에 위치한 전 이브닝 포스트 빌딩의 파사드에서 찾아볼 수 있습니다.

구어, 문어, 신문, 인쇄기를 상징하는 〈언론의 네 구간The Four Periods of Publicity〉은 아르 누보와 비 분리파 양식이 만난 뉴욕 이브닝 포스트 빌딩의 9층을 장식하고 있는데, 이 건축물은 1965년 보글럼의 아름다운 조각품과 함께 뉴욕의 랜드마크로 지정되기도 했습니다.

전통주의자인 보글럼은 1913년 아모리 쇼에 대한 공개적인 비판으로 뉴욕의 심기를 불편하게 만든 적이 있는데, 대표적으로 마르셀 뒤샹의 〈계단을 내려오는 누드Nude Descending a Staircase〉를 〈계단을 내려오는 무례함rude Descending a Staircase〉이라고 조롱했습니다. 하지만 뒤샹은 이 같은 발언에 동요하지 않고 입체파를 예술계 정면으로 끌어냈습니다. ✵

HILDRETH MEIÈRE
Dance, Drama & Song

RADIO CITY MUSIC HALL
50th STREET FAÇADE
MIDTOWN WEST

힐드레스 메이어, 〈춤, 연기, 노래〉

♀ 미드타운 웨스트, 라디오 시티 뮤직홀, 50번 스트리트 파사드

뉴욕의 아르 데코 운동을 발전시킨
예술가의 작품

Hildreth Meière, Dance, Drama and Song, 1932,
Radio City Music Hall 50th Street facade

아르 데코 시대의 화려함이 듬뿍 담긴 뉴욕의 스카이라인은 건축가와 예술가의 정교한 작업을 보여주는 상설 전시장에 가깝습니다. 1932년 건축가 에드워드 더렐 스톤Edward Durell Stone과 도날드 데스키Donald Deskey가 설계한 라디오 시티 뮤직홀은 그중 대표적인 작품으로 천장에서 바닥까지 눈부시게 화려한 세부 장식으로 치장되어 있습니다. 붙박이 가구, 메달리온, 장식, 벽화 등 곳곳에서 1930년대 맨해튼의 화려함에 일조한 아르 데코 양식을 엿볼 수 있습니다.

뉴욕에서 자고 나란 힐드레스 메이어Hildreth Meiere는 광범위한 분야에 걸쳐 예술을 공부했습니다. 피렌체에서 르네상스 그림과 벽화 제작을 공부한 그녀는 졸업 후 남성들이 점령한 예술계에 진입하기 쉽지 않음을 깨닫고 의상 디자이너로 일하기 시작했습니다. 당시 여성 예술가에게 '적합'하다고 여겨진 일이었지요. 하지만 예술을 향한 그녀의 욕망은 사그라질 줄 몰랐고, 1928년 그녀는 유명한 벽화가이자 모자이크 기술자로 전향해 뉴욕 건축 리그에서 수상의 영예를 거머쥐기까지 합니다. 여성 회원을 받아들이기 무려 6년 전의 일이었습니다! 공공 벽화와 모자이크, 장식을 건축에 결합시킨 그녀의 작품은 뉴욕의 아르 데코 운동이 한 단계 더 발전하는 데 크게 기여했습니다.

이러한 그녀의 솜씨를 엿볼 수 있는 작품이 바로 라디오 시티 뮤직홀의 50번 스트리트 파사드입니다. 메이어는 춤과 연기, 노래를 담당하는 세 명의 뮤즈가 그려진 3개의 거대한 메달리온을 디자인했는데, 전부 오스카 B. 바흐Oscar B. Bach에 의해 화려한 색상의 금속과 법랑으로 제작되었습니다. 지름이 약 5미터에 달하지만 관심을 갖고 쳐다보지 않으면 관광객들로 발 디딜 틈 없는 이 지역에서 쉽게 지나칠 수 있는 작품이기도 합니다. ※

ISAMU NOGUCHI
News
50 ROCKEFELLER CENTER
MIDTOWN

이사무 노구치, 〈뉴스〉

📍 미드타운, 50 록펠러 센터

시선을 사로잡는
아르 데코 양식의 거대한 강철 조각상

Isamu Noguchi, News, 1940,
50 Rockefeller Center

단순한 형태의 조각품으로 유명한 이사무 노구치가 50 록펠러 센터 입구에 솟아 있는 아르 데코 양식의 거대한 강철 조각상을 제작했다는 사실을 아시나요? 누군가에게는 놀라움으로 다가올 수도 있겠지요. 이 작품은 9톤에 달하며, 건물에 입주했던 연합통신이 1938년에 주최한 공개 모집 대회의 수상작입니다.

이미 추상 예술가이자 건축가로 유명했던 노구치는 다섯 명의 기자가 급하게 특종을 찾아가는 모습을 얕은 돋을새김 기법으로 조각해 1등의 영예를 차지했습니다. 〈뉴스News〉라는 작품에서 기자들은 통신망을 상징하는 선을 향해 몸을 기울인 채, 각기 휴대전화와 노트, 타자기를 손에 들고 일을 하고 있습니다. 노구치는 이 인물들이 날렵하고 강인해 보이도록 이들을 청동이 아닌 스테인리스강으로 주조했습니다.

아르 데코 시대 록펠러 센터에 설치된 수많은 작품 중 하나이자 입체파의 분위기를 물씬 풍기는 이 작품은 노구치의 전 스승 콘스탄틴 브란쿠시의 영향을 받은 것으로 보입니다. ※

KRISTIN JONES & ANDREW GINZEL
Metronome
1 UNION SQUARE SOUTH
UNION SQUARE

크리스틴 존스 & 앤드류 긴젤, 〈메트로놈〉

📍 유니언 스퀘어, 1 유니언 스퀘어 사우스

매 순간 살아 있는
뉴욕을 기리는 작품

Kristin Jones and Andrew Ginzel, Metronome, 1996–99,
One Union Square South

〈메트로놈Metronome〉을 본 사람이라면 "이게 도대체 뭐지?"라는 말
이 절로 나올지도 모릅니다. 유니언 스퀘어의 남쪽을 향해 벽 위로 우뚝 솟
아 있는 이 거대한 조각품은 실로 기이한 모습을 하고 있습니다. 가운데에는
소용돌이치는 듯한 원형부가 있고, 그 옆으로 황당무계해 보이는 숫자가 돌
아가며 지금은 작동을 멈췄지만 한때는 이따금 수증기를 내뿜기까지 했습니
다. 머리를 긁적이게 만드는 수수께끼 같은 모습의 이 작품은 공공 예술 역사
상 개인이 참여한 가장 큰 작품 중 하나이기도 합니다. 공공 예술 재단Public
Art Fund의 도움을 받아 개발자 스티븐 R. 로스Stephen M. Ross는 200개가 넘
는 작품 중 크리스틴 존스Christin Jones와 앤드류 긴젤Andrew Ginzel이 디자
인한 〈메트로놈〉을 선택했습니다. 300만 달러의 제작비용을 들여 1999년에
설치된 이 작품은 수많은 뉴요커가 매일 쫓기듯 살아가고 있는 시간의 무형
성을 상징한다고 할 수 있습니다.

　　가로 30미터, 폭 18미터에 달하는 중앙 부분에는 물결 모양의 벽돌 벽
한가운데로 둥그런 구멍이 나 있고, 이 공간을 금박이 둘러싸고 있는데 이

금박은 패널을 따라 금빛 조각으로 흩어지고 있습니다. 그 아래로 거대한 바위가 벽돌 벽에서 돌출되어 있으며 왼쪽 유리 파사드에는 디지털시계가 하루 24시간을 세는 동시에 하루 중 남은 시간을 보여주고 있습니다. 결국 의미 없어 보이는 이 숫자가 논리적으로 말이 되는 셈이지요. 오른편에는 달의 모양에 따라 회전하는 구 모양의 달력 시계가 놓여 있습니다. 예전에는 하루에 한 번씩 14번 스트리트를 향해 수증기가 방출되곤 했는데 몇 년 전부터 작동이 되지 않고 있습니다.

이 복잡한 조각품은 혈기왕성한 에너지를 지닌 뉴욕이라는 도시에 경의를 표하는 작품이라 하겠습니다. ✵

SEAMAN-DRAKE ARCH
Arc de Triomphe
BROADWAY between 215th & 216th
INWOOD

시먼-드레이크 아치, 〈개선문〉

📍 인우드, 브로드웨이, 215번 스트리트 & 216번 스트리트 사이

과거 맨해튼의 흔적을
고스란히 간직한 작품

Seaman-Drake Arch, Arc de Triomphe,
Broadway between 215th and 216th Streets

맨해튼이라는 작은 섬은 현재 배터리 파크부터 포트 트라이온Fort Try-on 파크에 이르기까지 빈틈없이 채워져 있습니다. 하지만 1855년, 인우드라는 남쪽 동네는 초원이 펼쳐진 목가적인 전원에 가까웠는데, 놀랍게도 이 목초지의 일부가 초고층 아파트 건물과 패스트푸드점, 구멍가게 사이로 아직까지 남아 있습니다. 한때 호화로운 영지로 들어가는 진입로였던 아치가 차고 위로 우뚝 솟아 있는데 놀라울 정도로 개선문과 닮아 있습니다.

1850년대 시먼-드레이크Seaman-Drake 가문은 로어 맨해튼에 위치한 집과는 별개로 인우드에 휴식용 별장을 지었습니다. 언덕에 자리한 이 아름다운 저택은 그 아래로 약 10만 제곱미터에 달하는 이탈리아 양식의 정원, 경치 좋은 산책길, 연못, 개인 소유 삼림이 펼쳐졌고 맨 아래에는 대리석 아치가 세워져 있었습니다.

존 페리스 시먼John Ferris Seaman과 아내 안나 드레이크Anna Drake는 도심에 위치한 집보다 '시먼 성'을 좋아했으며, 죽을 때까지 그곳에 살았습니다. 1872년 존이, 1878년 안나가 사망한 뒤 145명의 친척들이 그들의 유언을

확인했고, 그 결과 저택은 안나의 조카에게 상속되었습니다. 그녀는 이 화려한 저택을 교외 라이딩 앤 드라이빙 클럽Riding and Driving Club으로 바꾸고 싶어 했고, 그렇게 이 저택은 우아한 회의실과 카페, 개인 식사 장소, 연회장을 갖춘 컨트리클럽으로 재탄생했습니다.

1905년에는 토머스 드와이어Thomas Dwyer가 매입해 마블 아치 컴퍼니Marble Arch Company의 본사로 사용한 뒤 1938년에 매각했습니다. 이 건물은 파크 테라스 아파트를 짓기 위해 결국 철거되었는데, 이상하게도 아치는 거래에 포함되지 않았고, 결국 과거 맨해튼의 으스스한 흔적을 그대로 간직한 채 아파트와 소규모 상점들 사이에 자리하고 있습니다. ※

7장

과거의
기념물

|

이제 뉴욕에서는 과거의 독창적인 갤러리나 영향력 있는 예술품,
예술의 기운이 느껴지는 장소를 더 이상 찾아볼 수 없을지도 모른다.
하지만 한때 그들이 내뿜던 창의적인 에너지만큼은
우리를 기다리며 어딘가를 서성이고 있을 것이다.

월드 트레이드 타워 아래 한때 밀이 자랐다는 사실을 아는가?
예술가들이 운영하는 레스토랑은 굶주린 예술가들에게
먹거리를 제공하는 한편
소호의 보헤미안 커뮤니티를 형성하는 데 기여했으며,
직장인들로 발 디딜 틈 없는 그랜드 센트럴 터미널 위로
한때 예술 학교가 번성하기도 했다.
그 모든 것은 지금보다 상업 시설이 적었던 시대의
창의력 넘치는 기념물이다.

AGNES DENES
Wheatfield – A Confrontation
BATTERY PARK CITY
LOWER MANHATTAN

아그네스 데네스, 〈밀밭-저항〉

📍 로어 맨해튼, 배터리 파크 시티

아름다운 금빛 밀밭으로 물든
맨해튼의 중심부

Agnes Denes, Wheatfield—A Confrontation, 1982,
Battery Park City

오래전 맨해튼은 농지였으며 그전에는 원주민 영토였습니다. 화려한 고층 건물들이 배터리 파크 시티에 발을 디디기 한참 전, 월드 트레이드 타워 뒤편은 거대한 매립지였죠. 1982년, 예술가 아그네스 데네스Agnes Denes는 이 매립지를 잠시나마 원래 상태로 되돌리기로 결심합니다.

데네스는 공공 예술 기금으로부터 의뢰받아 기상천외하고 멋진 작품을 만들어냈습니다. 전통적인 조각품과는 달랐지만, 이 살아 숨 쉬는 작품은 대중이 예술을 바라보는 방식을 크게 바꾸어놓았습니다.

데네스는 예술이라는 이름으로 반짝였던 쌍둥이 건물 그늘에 아름다운 금빛 밀밭을 조성했습니다. 이름하여 〈밀밭-저항Wheatfield-A Confrontation〉이라는 작품을 위해 데네스와 자원봉사자들은 1.6만 제곱미터에 달하는 매립지에서 쓰레기를 걷어냈으며 그 위에 황색 곡식을 심었습니다. 수개월 동안 이어진 경작 끝에 밀밭은 무성해졌고 데네스와 자원봉사자들은 수백 킬로그램의 밀을 추수해 푸드 뱅크에 기증함으로써 뉴요커들의 몸과 마음에 영양분을 공급했습니다. ✖

DANCETERIA
30 WEST 21st STREET
CHELSEA

댄스테리아

📍 첼시, 웨스트 21번 스트리트 30번지

폭탄에 타임캡슐을 담은
낭만적인 클럽

Danceteria,
30 West 21st Street

댄스테리아Danceteria. 이곳은 뉴 웨이브 음악을 선보인 전설적인 클럽이자 비디오 아트의 선구자, 스타들이 일하던 곳입니다! LL 쿨LL Cool이 엘리베이터로 당신을 클럽에 데려다주고 키스 해링이 모자를 받아주며 행위예술가 카렌 핀리Karen Finley와 가수 샤데이Sade가 바에서 음료를 서빙하고 비스티 보이즈Beastie Boys가 탁자를 닦으며 마돈나가 무대를 장식한다고 상상해본다면! 영화의 한 장면 같지 않은가요?

댄스 무대가 몇 개 층에 달하는 이 클럽은 예술가 존 샌본John Sanborn과 키트 피츠제럴드Kitz Fitzgerald가 설계한 비디오 라운지에서 비디오 아트와 뮤직비디오, 파운드 푸티지●를 선보인 최초의 클럽 중 한곳입니다. 이곳에서는 존 루리John Lurie, 로리 앤더슨Laurie Anderson, 캠브라 파흘러Kembra Pfhler의 예술 공연이 진행되기도 했지요. 그녀가 카렌 블랙의 호러Horror of Karen Black 페르소나를 만들어내기 전의 일입니다. 이 클럽의 실제 모습이 궁금한 사람은 영화 〈마돈나의 수잔을 찾아서〉를 보기 바랍니다. 비록 영화상이기는 하지만 당시 클럽이 어떠한 모습이었는지 살짝 엿볼 수 있으니까요. 1980년대 뉴욕 예술의 중심지가 그런 것처럼 이 멋있는 장소 역시 지금은 럭셔리 콘도로 바뀌었습니다.

오랫동안 사용되지 않았던 댄스테리아 클럽은 2017년, 공사 현장 근로자가 건물 아래에서 폭탄을 발견하면서 화제에 오른 적이 있습니다. 하지만 이 '폭탄'은 사실 1980년대에 묻힌 타임캡슐이었습니다! 1983년, 댄스테리아를 소유한 존 아르젠토John Argento와 기획자 루돌프 파이퍼Rudolph Pieper는 제2차 세계 대전 당시 사용된 폭탄을 인근 육해군 불하품 전문점에서 200달러에 구입해 클럽에 걸어두었습니다. 3주 동안 그들은 클럽 단골들에게 미래에 보내는 편지를 쓰도록 했고 편지와 함께 전단지와 노트를 비롯한 기타 수집품을 폭탄 안에 채워 넣었습니다. 그들은 만 년 후에 개봉되기를 기대하며 보도 아래 폭탄을 묻었지요. 예정보다 일찍 발견되기는 했지만 불과 몇십 년 사이에 뉴욕은 완전히 변하고 말았으니 타임캡슐로서 역할을 다한 셈입니다. ✸

● 실제 기록으로 가장하는 페이크 다큐멘터리 장르 영화

THE D⚬M
19-25 ST. MARKS PLACE
EAST VILLAGE

WARHOL
LIVE
THE
VELVET
UNDER-
GROUND
LIVE
DANCING
FILMS
PARTY
EVENT
NOW

더 돔

📍 이스트 빌리지, 세인트 막스 플레이스 19번지-25번지

예술가들의
화려한 아지트

The Dom/Warhol Club,
19-25 St. Marks Place

세인트 막스 플레이스St. Marks Place는 몇 번이고 변신을 거듭했습니다. 한때 피터 스튜이베산트Peter Stuyvesant의 농장이었던 이곳은 리틀 저머니Little Germany의 중심부였다가 비트 시인, 히피, 보헤미안, 무정부주의자와 불량 청소년의 집합소가 되기도 했습니다. 하지만 오늘날 이곳에 자리한 아시아 레스토랑, 노래방, 관광객 상점에서는 과거의 정취가 전혀 느껴지지 않습니다. 막스 플레이스의 19번지에서 25번지 사이에 자리한 건물들이 전자 담배 가게, 치폴레,• 델리로 바뀌면서 포스트 펑크 시대의 세인트 막스 플레이스는 완전히 자취를 감추고 말았습니다.

불과 몇십 년 전만 해도 앤디 워홀은 이곳에 자리한 더 돔The Dom에서 1966년대 당시 큰 인기를 끌었던 익스플로딩 플라스틱 인에비터블Exploding Plastic Inevitable 파티를 열었고, 전속 밴드 벨벳 언더그라운드Velvet Underground는 니코와 함께 매주 이곳에서 공연했습니다. 댄스 클럽과 공연 무대는 위층에 있었고, 바와 레스토랑은 1층의 더 돔The Dom에 있었는데 폴란드어로 '집'을 의미했습니다.

팩토리 무리들은 1966년 내내 워홀과 폴 모리세이Paul Morrissey가 파티를 열기 위해 빌린 이 건물에서, 한때 무도회장으로 사용된 위층에서 시간을 보냈습니다. 워홀 무리가 들어온 뒤 클럽은 사이키델릭을 주제로 한 나이트클럽, 일렉트릭 서커스Electric Circus라는 이름으로 1967년에 다시 문을 열었습니다. 그 클럽은 누군가 댄스 플로어 한가운데 폭탄을 던질 때까지도 계속해서 운영되었는데, 소문에 따르면 범인은 흑표범단●●이었다고 합니다. 얼마 안 가 유행에 뒤처지게 된 클럽은 1971년 결국 문을 닫고 맙니다. 이후 2003년 여러 부분으로 나뉜 건물은 각기 다른 상업적인 공간으로 쓰이게 되었습니다.

워홀이 발을 디디기 전에도 이곳은 논란의 여지가 많은 장소였습니다. 한때는 부자들을 위한 타운하우스였다가 1870년대 독일 뮤직 클럽 아론The Arlon이 매입해 독일식 댄스 클럽 알링턴 홀로 바꾸었습니다. 1914년 이곳에서 이탈리아와 유대인 폭력배 간의 또 다른 총격 사건이 벌어지기도 했고 시어도어 루스벨트Teddy Roosevelt와 윌리엄 랜돌프 허스트William Randolph Hearst가 연설하기도 했습니다. ※

● 미국의 멕시코 음식 전문 레스토랑
●● 미국의 극좌익 흑인 과격파

GEORGE MACIUNAS
Fluxhall & Fluxus Shop
359 CANAL STREET
LOWER MANHATTAN

Manife

flux (flŭks), n. [OF., fr.
flow. See FLUENT; cf
a A flowing or fluid di
part: es
discharg
dysenter

Purge the world c
"intellectual", profess
culture, PURG
art, imitatior
illusionistic art
PURGE THE

조지 마키나우스, 플럭스홀 & 플럭서스숍

📍 로어 맨해튼, 캐널 스트리트 359번지

자유로운 예술을 위한,
예술가들에 의한 움직임

George Maciunas, Fluxhall and Fluxus Shop,
359 Canal Street

1960~70년대 존 케이지John Cage의 실험 음악과 마르셀 뒤샹의 레디
메이드에 영감받아 플럭서스 반 예술 운동이 일어났습니다. 조지 마카나우
스Jejorge Macuinas가 주축이 된 이 운동은 부르주아 예술 세계를 향한 일반
적인 경멸감에서 시작된 움직임이었습니다. 국제적인 전위예술운동 플럭서
스Fluxus는 현대 예술의 예측 가능성에 반대한 예술가들의 관심을 끌었습니
다. 대표적인 예술가로 조지 브레크트Jeorge Brecht, 오노 요코Yoko Ono, 요셉
보이스Jeseph Beuys, 백남준 등이 있었지요. 시각 예술, 공연, 시, 실험 음악, 영
화가 뒤섞인 플럭서스는 다다이즘의 무작위성을 닮았으며 다다이즘처럼 '진
지한' 현대 예술과 충돌하곤 했습니다.

마카나우스는 1963년 캐널 스트리트에 위치한 협소한 공간에 플럭스
홀Fluxhall이라는 이름의 본사를 마련했습니다. 소규모 팝업 스토어처럼 운
영된 플럭스홀에서는 플럭서스 예술가의 작품을 비공식적으로 판매했습니
다. 전통적인 갤러리보다는 상점에 가까웠던 이곳은 정해진 오픈 시간이 있
었으며 유럽에 통신 판매만 가능한 지점을 두고 누런 봉투에 소식지나 조지

브레크트, 에이오Ay-O, 디미트리 데브야트킨Dimitri Devyatkin을 비롯한 기타 예술가들의 원작을 담아 발송하곤 했습니다. 이곳에서는 음악 공연이 열리기도 했는데, 좁은 플럭스홀에서 캐널 스트리트 밖으로 음악이 흘러나오곤 했습니다.

플럭스홀을 방문하는 사람들은 이제는 플럭서스의 유산이 된 플럭서스 상자와 플럭스키트를 구입할 수 있었습니다. 내부가 구획된 이 상자에는 예술가들이 직접 디자인하고 만든 카드와 소품들이 들어 있었습니다. 예술 관련 지식이 없는 사람일지라도 누구든지 기꺼이 사용하고 즐길 수 있는 작품들이었죠. 플럭스홀은 1964년에 문을 닫았지만, 이 운동은 1970년대까지 지속되었습니다. ✕

GORDON MATTA-CLARK
FOOD

PRINCE & WOOSTER
SOHO

고든 마타-클락, 푸드

📍 소호, 프린스 스트리트 & 우스터 스트리트

예술가가 운영하는
예술가를 위한 식당

**Gordon Matta-Clark, FOOD Restaurant Site,
Corner of Prince and Wooster**

고든 마타-클락Gordon Matta-Clark은 도시를 매개물로 삼아 예술 활동을 펼친 예술가로 유명합니다. 그는 조각 재료로 건축물을 사용했는데, 위대한 건물 파사드를 마치 대리석처럼 취급해 벽을 자르고 구멍을 뚫었습니다. 기이한 모양의 땅을 경매로 구입한 그는 개념적인 프로젝트로 바꾸었으며 뉴욕에서 먹고 마시는 방식도 예술로 치환했습니다.

1971년 소호의 예술가들이 부족한 현지 식당 때문에 함께 저녁 식사를 하던 관행에서 영감을 받은 마타-클락은 당시 여자친구 캐롤라인 구든Caroline Goodden과 예술가 티나 지라우어드Tina Girouard와 함께 '푸드Food'를 열었습니다. 프린스 스트리트와 우스터 스트리트 사이에 자리한 예술가가 운영하는 레스토랑이었습니다. 이곳은 메뉴에도 예술적인 개념에도 선구자였습니다. 오늘날에는 평범해 보이는 그들의 아이디어는 당시만 해도 시대를 앞선 것들이었지요. 음식은 현지에서 생산되는 계절 재료로 만들었으며 부엌이 완전히 개방된 형태였습니다. 사시미나 세비체, 보르시 같은 전통 음식을 제공했고 신선한 버터와 파슬리를 넣은 공용 수프가 늘 비치되어 있었으며 버몬트 출신의 전문 제빵사가 직접 빵을 구워냈습니다.

예술을 접목한 요리는 그 자체만으로 하나의 예술 공연이었습니다. 마타-클락, 도널드 저드, 로버트 쿠스너Robert Kushner를 비롯한 현지 화가, 조각가, 현대 무용가 같은 예술가들이 매주 객원 요리사로 나섰습니다. 마타-클락이 선보인 유명한 메뉴 중 하나는 '본 디너'로 꼬리곰탕과 뼈 고기 요리가 대표적이었습니다. 그는 저녁 식사가 끝난 뒤 남은 뼈를 잘 닦아 엮어서 손님들이 집에 갈 때 선물로 목에 걸어주었습니다.

푸드는 힘겨운 생활을 이어가던 예술가들을 위한 일종의 지원 시스템이었습니다. 저렴한 가격에 균형 잡힌 식사를 제공하는 한편 예술가를 웨이터나 요리사, 종업원으로 고용해 용돈 벌이 수단을 제공했으며 모임 장소로 사용하기도 했습니다. 마타-클락은 소호의 예술 거리가 점차 번성하면서 예술가들의 힘만으로 푸드를 유지하기에 일이 너무 많아지자 예술 활동에 전념하기 위해 1974년 가게를 매각했습니다. ✳

GORDON MATTA-CLARK
Day's End
(THE FORMER) PIER 52
WEST STREET & GANSEVOORT STREET
GREENWICH VILLAGE

고든 마타-클락, 〈데이즈 엔드〉

📍 그리니치 빌리지, (전) 52번 부두, 웨스트 스트리트 & 간스부트 스트리트

단 한 번도 빛을 발하지 못한
빛의 예술품

Gordon Matta-Clark, Day's End Site, 1975,
the former Pier 52, West Street and Gansevoort Street

뉴욕 위생국의 평범한 주차장은 사라진 13번 애비뉴와 한때 번잡했던 52번 부두가 있던 자리였습니다. 허드슨강을 따라 있던 부두들은 산업 시대의 잔재로 1970년대 거의 방치되다시피 했는데, 고든 마타-클락 같은 예술가들은 폐기된 이 구조물을 적극 활용해 예술 작품과 실험을 위한 재료로 사용하기 시작했습니다.

1975년 마타-클락은 19세기 첼시의 산업 시대를 기리기 위해 52번 부두를 거대한 조각품으로 바꾸었습니다. 부두의 바닥과 천장에서 수로를 잘라낸 그는 휑뎅그렁한 이 창고를 성당 같은 분위기가 느껴지는 〈데이즈 엔드Days' End〉로 바꾸어 놓았습니다. 허드슨강을 바라보는 벽에는 돛 모양으로 조각을 냈고 또 다른 벽은 커다란 장미 모양으로 잘라냈습니다. 또한 바닥을 원형 모양으로 조각 내 스테인리스 유리 창문 같은 효과를 연출했습니다. 정오의 햇빛이 어두운 물에 쏟아지는 가운데 빛이 시시각각 모양을 바꿔가며 부두 내부 전체에 가득 퍼졌습니다.

〈데이즈 엔드〉가 마타-클락이 허드슨강에 설치한 최초의 작품은 아닙니다. 그는 1971년 〈무제 공연Untitled Performance〉을, 1973년에는 〈피어 인/아웃Pier In/Out〉을 선보였습니다.

마타-클락은 일주일에 두 번 자신의 작품을 방문객에게 공개하고 싶어 했지만, 경찰은 그가 무단으로 침입해 부두를 훼손했다며 그를 체포했습니다. 혐의는 결국 취하되었지만, 〈데이즈 엔드〉의 공식적인 제막식은 없었고 이 작품은 한동안 텅 빈 채로 놓여 있다가 결국 철거되고 말았습니다. ※

GRACIE MANSION Gallery

15 ST. MARKS PLACE
EAST VILLAGE

그래시 맨션 갤러리

📍 이스트 빌리지, 세인트 막스 플레이스 15번지

도시를 갤러리로 삼았던
열정적인 여성 예술가

1980년대 이스트 빌리지의 예술 정신은 찬란했습니다. 파산한 뉴욕시는 범죄율은 높았을지 모르지만, 예술가들은 창의성과 혁신 그리고 맨해튼의 저렴한 렌트비 덕분에 그 어느 때보다도 화려한 시절을 보냈습니다. 당시 이스트 빌리지의 중요한 예술 중심지였던 그래시 맨션 갤러리Gracie Mansion Gallery는 세인트 막스 플레이스 주위로 여러 지점이 운영되고 있었습니다.

이 갤러리를 소유한 앤 매이휴-영Anne Meyhew-Young은 1981년 뉴욕 시장의 관저 이름을 따 자신의 이름을 그래시 맨션으로 바꾸었습니다. 그녀는 루 디비전Loo Division이라 불리는 맨션 화장실에서부터 온갖 아파트에 이르기까지 다양한 곳을 갤러리로 삼다가 결국 세인트 막스에 위치한 이 갤러리에 정착했습니다.

그래시 맨션은 혁신가였습니다. 소호 갤러리들에 실망한 그녀는 버스터 클리브랜드Buster Cleveland와 선 로드니Sun Rodney와 함께 자신의 전시를 직접 준비하기 시작했습니다. 그들은 전설적인 아트 딜러 레오 카스텔리Leo Castelli의 눈에 들기를 바라며 스프링 스트리트와 웨스트 브로드웨이에 주

308

차된 리무진 안에서 전시회를 선보이며 유명해졌습니다. 맨션은 에이즈로 이 시대가 막을 내리기 전, 이스트 빌리지의 예술을 규정할 전시에 착수하기도 했습니다.

1987년 그래시 맨션 갤러리는 이스트 10번 스트리트 337번지와 브로드웨이 532번지 등 여러 지점에서 운영되었습니다. ※

GRAND CENTRAL ART SCHOOL

GRAND CENTRAL TERMINAL
89 EAST 42nd STREET
MIDTOWN EAST

그랜드 센트럴 아트 스쿨

📍 미드타운 이스트, 그랜드 센트럴 터미널, 이스트 42번 스트리트 89번지

도심을 가로지르며
예술의 혼을 키웠던 사람들

Grand Central School of Art, Grand Central Terminal,
89 East 42nd Street

이젤과 캔버스를 손에 들고 대가의 가르침을 받으러 그랜드 센트럴 터미널로 향하는 모습을 상상해보세요. 생각만으로도 가슴이 떨리지 않나요?

1913년 문을 연 그랜드 센트럴 터미널은 뉴요커를 위한 교통의 요충지만은 아니었습니다. 19만 제곱미터에 달하는 보자르 양식의 이 복합건물은 당시만 해도 세상에서 가장 큰 건축물이었습니다. 한때 전자제품 전시장으로도 사용되었으며 상점, 레스토랑, 마켓, 극장, 테니스 클럽, 그랜드 센트럴 아트 갤러리라 불린 1,300제곱미터짜리 전시장◆을 갖춘 도시 센터로도 기능했습니다.

거대한 이 터미널은 작품 전시 공간으로 안성맞춤이었습니다. 폴 세자르 헬루Paul Cesar Helleu가 중앙홀 천장에 그린 84미터에 달하는 거대한 벽화가 방문객의 예술적 욕망을 자극했습니다(1913년에 이곳을 지나가던 한 근로자는 벽화 일부가 반대 방향으로 놓여 있는 것을 알아채기도 했다). 중앙홀은 6층 갤러리로 이어졌는데, 갤러리들은 미국 예술의 지평을 넓히기 위해 비영리로 운영되었기에 멤버십을 유지하려면 예술가들은 1년에 작품을 한 점씩 기부

해야 했습니다.

문을 연 지 1년 후 갤러리들은 힘을 모아 자체 그랜드 센트럴 아트 스쿨을 설립했습니다. 이 스쿨이 운영된 20년 동안 학생들은 터미널을 지나 동쪽 부속 건물의 7층으로 향했습니다. 그리고 그곳에서 설립자 서전트 Sargent 와 다니엘 체스터 프렌치 Daniel Chester French 를 비롯해 아실 고르키 Arshile Gorky, 딘 콘웰, 에즈라 윈터 Ezra Winter 같은 유명한 예술가들에게 수업을 받았습니다. 계속해서 번성한 스쿨은 뉴욕에서 가장 큰 예술 프로그램으로 자리잡았으나 1944년 등록자 수가 줄어들면서 문을 닫게 되었습니다. ※

♦ 월터 레이튼 클락 Walter Leighton Clark, 존 싱어 사전트 John Singer Sargent, 에드먼드 그리슨 Edmund Greacen 이 1923년에 선보였다.

LEO CASTELLI
Gallery

4 EAST 77th STREET
UPPER EAST SIDE

레오 카스텔리 갤러리

📍 어퍼 이스트 사이드, 이스트 77번 스트리트 4번지

수많은 예술가의 등용문이 되어 준 갤러리

Leo Castelli Gallery(original location),
4 East 77th Street

갤러리 운영자의 명석함은 보통 그들이 양성한 예술가의 유명세에 가려지곤 합니다. 하지만 레오 카스텔리Leo Castelli는 누가 뭐래도 혁신적인 인물이었으며 남다른 안목을 지니고 있었습니다. 그는 워홀의 캠벨 수프 캔 그림과 재스퍼 존스의 깃발 연작을 비롯해 현재 전 세계 미술관에 작품이 걸려 있는 수많은 예술가의 그림을 가장 먼저 선보였습니다.

카스텔리는 1959년 2월 10일, 처음으로 갤러리를 열었으며♦ 그로부터 1년 후 이곳에서 처음으로 재스퍼 존스의 전시를 열었습니다. 팝, 미니멀리즘, 개념 예술의 촉매제로서 이 갤러리의 역할이 정립된 계기였습니다. 거의 모든 예술가가 이곳에 작품을 전시했습니다. 로버트 라우센버그, 사이 톰블리, 프랭크 스텔라Frank Stella, 로이 리히텐슈타인, 앤디 워홀, 제임스 로젠퀴스트, 도널드 저드, 댄 플래빈Dan Flavin, 브루스 나우먼Bruce Nauman을 비롯한 수많은 예술가가 모두 이곳에서 데뷔했습니다.

카스텔리는 다른 갤러리 운영자들의 기준이 되었습니다. 그는 예술가들이 생계 걱정 없이 작업에 전념할 수 있도록 그들에게 한 달 치 월급을 주는 등 후원자와도 같은 마음으로 예술가들을 양성했습니다. 그리하여 그의 첫 번째 아내 일레나 소나밴드Ileana Sonnabend는 소나밴드 갤러리를 열기도 했습니다.

레오 카스텔리 갤러리는 1970년대에 소호로 자리를 옮겼다가 1999년 카스텔리가 사망하자 어퍼 이스트 사이드로 다시 옮겨졌습니다. 이 갤러리는 아내 바바라 베르토치 카르텔리Barbara Bertozzi Castelli에 의해 아직까지 운영되고 있습니다. ※

◆ 현재는 이스트 77번 스트리트 18번지와 웨스트 40번 스트리트 24번지, 두 지점이 운영되고 있다.

MACDOUGAL MEWS

MACDOUGAL ALLEY
GREENWICH VILLAGE

맥두걸 뮤스

📍 그리니치 빌리지, 맥두걸 골목

예술가들의 성지가 된
막다른 골목

MacDougal Mews,
MacDougal Alley

웨스트 8번 스트리트와 웨이벌리 플레이스 사이로 난 맥두걸 스트리트에는 예술적 유산이 풍부하게 남아 있는 막다른 골목이 자리하고 있습니다. 1833년 마구간이 늘어선 좁은 거리였던 이 골목은 뉴욕의 부유한 이들이 말이나 마차 대신 자동차를 이용하기 시작하면서 번성하기 시작했고 현재는 개인이나 아트 스쿨이 소유한, 마구간을 개조한 예스러운 집들이 자리하고 있습니다.

1900년대 초 이곳에 작업실을 마련한 젊은 예술가들은 그 과정에서 의도치 않게 자립적인 집단 거주지를 형성했습니다. 대문을 활짝 열어둔 맥두걸 갤러리 예술가들은 오픈 스튜디오 원칙을 지켰습니다. 서로의 작품에 대해 쉽게 조언해주었고 가족끼리도 서로 가깝게 지냈습니다. 일종의 자급자족 커뮤니티였지요.

시간이 지나자 예술계 엘리트들도 이곳에 작업실을 열기 시작했습니다. 1907년 상속녀 거트루드 밴더빌트 휘트니Gertrude Vanderbilt Whitney가 이 거리의 19호실로 작업실을 옮기며 처음에는 언론의 관심을, 그다음에는

317

대중의 관심을 샀습니다. 그들은 이런 백만장자가 왜 그렇게 좁은 골목에서 일하려고 하는지 궁금해했습니다.

인기가 치솟는 가운데 예술가들은 계속해서 맥두걸 골목에 거주했습니다. 1909년부터 1912년까지 이곳의 작업실에서 일한 조각가 다니엘 체스터 프렌치Daniel Chester French도 그중 하나였습니다. 이사무 노구치는 일본계 미국인 포로수용소에서 나온 뒤 33호실로 거처를 옮겼고 잭슨 폴록도 1949년 한 해 동안 이곳에 살았습니다.

평온한 이 골목에 자리한 건물들은 현재 자그마치 500만 달러에 달하는 가격에 거래되고 있다고 합니다. ※

PALLADIUM

140 EAST 14th STREET
UNION SQUARE

팔라디움

📍 유니언 스퀘어, 이스트 14번 스트리트 140번지

뉴욕의 밤 문화를 수놓았던 예술작품의 향연

Palladium, with works by Keith Haring, Jean-Michel Basquiat, Francesco Clemente, and Kenny Scharf, 140 East 14th Street

뉴욕의 밤 문화가 절정에 달했던 시절, 팔라디움(현재는 뉴욕대학교의 팔라디움 에슬릭 홀이 자리하고 있다)은 뉴욕에서 가장 유명한 나이트클럽이었습니다. 1927년 토마스 W. 램Thomas W. Lamb이 지은 이 건물은 원래 공연장 겸 영화관으로 한동안 사용되었지요.

스튜디오 54의 스티브 루벨Steve Rubell과 이안 슈래거Iran Schrager는 1985년, 팔라디움을 멀티룸 클럽으로 바꾸었습니다. 이곳에는 장 미쉘 바스키아의 작품을 비롯해 예술품으로 가득 찬 VIP 미셸 토드 룸도 있었습니다.

키스 해링은 1985년 클럽 개장을 맞춰 거대한 벽화를 그렸습니다. 그가 그린 벽화는 네온 조명을 받아 반짝이는 댄스 플로어 위로 우뚝 솟아 있었습니다. 그 밖에 바스키아와 프란체스코 클레멘테Francesco Clemente, 케니 샤프Kenny Scharf가 그린 벽화들도 이 클럽을 장식했습니다.

팔라디움은 1990년대 뉴 웨이브를 비롯해 테크노와 하우스 뮤직을 선보인 최초의 클럽이었지만, 결국 뉴욕대학교에 의해 철거되었으며 안타깝게도 보존된 벽화는 한 점도 없습니다. ※

RiCHARD SERRA
Tilted Arc

26 FEDERAL PLAZA
LOWER MANHATTAN

리처드 세라, 〈기울어진 호〉

📍 로어 맨해튼, 26 페더럴 플라자

수년간 지독한 민폐를 끼친
거대 조각품

**Richard Serra, Tilted Arc (1981) Site,
26 Federal Plaza**

출근길이 성가시게 느껴진다면 1981년 자비츠 페더럴 빌딩Javits Fed-eral Building에서 일하던 사람들을 생각해보기 바랍니다. 약 36미터의 코르틴강 조각품이 광장을 둘로 가르는 바람에 직원들은 이 거대한 조긱품을 돌아서 사무실로 출근해야 했으니까요. 미 연방 조달처의 의뢰로 리처드 세라Richard Serra는 〈기울어진 호Tilted Arc〉를 제작했지만 연방 청사에서 일하던 직원들은 이 작품을 싫어했습니다.

제작 의도에 대해 세라는 "바라보는 이들이 자신을 인식하고 광장을 돌아다니는 자신의 움직임을 인식하는 것이다. 우리가 움직이면 조각도 변화한다. 조각품의 수축과 팽창은 바라보는 이의 움직임에 기인한다. 조각품뿐만 아니라 전체 환경에 대한 인식 또한 점차 변한다."라고 말했습니다.

하지만 연방청사에서 일하던 직원들의 생각은 달랐습니다. 미국 연방 국제 무역 법원의 영향력 있는 수석 판사 에드워드 D. 르Edward D. Re가 주재한 재판에서 직원들은 작품에 대해 값비싼 흉물이 쥐를 끌어들이고 있다고 (강철이 쥐를 끌어들이는가?) 주장했습니다. 하지만 무엇보다도 가장 큰 문제는 출근길에 이 거대한 작품을 돌아서 가야 하는 불편함이었습니다.

9년 동안 소송과 항소가 이어졌고 예술계 스타들의 증언, 탄원 그리고 작품을 다른 곳으로 옮길 경우 미국을 영원히 떠나겠다는 작가의 협박성 발언이 있었지만 이 작품은 1989년 결국 철거되었습니다. 페더럴 플라자를 특정해서 설계한 작품이 다른 곳으로 옮겨지기를 바라지 않은 작가의 의견을 존중한 판단이었습니다.

한편 세라는 미국을 떠나지 않았습니다. ※

FRANCIS HINES
Washington Square Arch Installation

WASHINGTON SQUARE PARK
GREENWICH VILLAGE

프란시스 하인스, 워싱턴 스퀘어 아치 설치품

📍 그리니치 빌리지, 워싱턴 스퀘어 파크

2만 명의 유해 위로
세워진 아치

Francis Hines, Washington Square Arch Installation, 1980,
Greenwich Village

1889년, 조지 워싱턴 대통령 취임 100주년을 맞이해 뉴욕시는 5번 애비뉴 끝자락의 워싱턴 스퀘어 파크 북쪽 끝에 나무와 석고 반죽으로 만든 아치를 세웠습니다. 이후 이 작품이 인기를 끌게 되자 이듬해 스탠포드 화이트Stanford White는 파리의 개선문을 본 따 이곳에 영구적으로 세울 대리석 아치를 제작해달라는 의뢰를 받게 됩니다. 2년에 걸친 건설 기간 동안 지하 3미터 지점에서 1803년에 사용된 무덤과 인간의 유골, 관, 묘비가 발견되었습니다. 워싱턴 스퀘어 파크는 1700년대부터 1825년까지 공동묘지로 사용되었기 때문이었지요. 사실 오늘날에도 이곳에는 지나다니는 사람들의 발아래로 2만 명의 유해가 묻혀 있습니다!

그로부터 거의 100년이 지난 1980년, 이 아치는 장소 특정적인 임시 작품이 되었습니다. 당시에 워싱턴 스퀘어 파크는 복구가 시급한 상태였습니다. 그라피티와 쓰레기가 곳곳에 널려 있었으며 아치 아랫부분에는 스프레이 캔이 한가득 쌓여 있었습니다. 프란시스 하인스Francis Hines는 '상처받은 기념비'에 말 그대로, 그리고 상징적으로 붕대를 감싸주는 일을 의뢰받았습니다. 하인스와 그의 팀은 아치 내부를 십자로 가로지르는 천 조각을 이용해 이 기념비를 약 7킬로미터에 달하는 폴리에스테르 그물로 감쌌습니다. 덕분에 잠시 그라피티가 가려지기도 했는데 방문객들은 이를 보고 반짝이는 기념비로서의 구조물로 다시 상상할 수 있었습니다.

동시대 예술가 크리스토Christo와 장 클로드Jean Claude처럼 하인스는 밧줄과 천을 사용해 이 거대한 작품을 감쌌습니다. 이때 생기는 장력은 '제한적인 힘에서 벗어나기 위한 인간의 투쟁'을 상징한 것입니다. 하인스는 이스트 빌리지의 공동 주택뿐만 아니라 경찰차를 감싸는 행위로 유명한 작가로 때로는 허락을 받고 진행하기도 했습니다.

아름답게 감싸진 아치는 6일 동안만 뉴요커들이 관람할 수 있도록 전시되었지만, 이 모습에 감화된 뉴욕 딩국은 워싱턴 스퀘어 파크의 보수작업에 착수했습니다. ※

Art
Hiding
in
New York

탐방 동선
짜기

지금까지 뉴욕 곳곳에 숨어 있는 예술작품들을 살펴보았습니다.
이제는 이 보물 같은 작품들을 직접 찾아 나설 차례입니다.
오후 반나절, 혹은 점심시간을 이용해 책에 소개된 작품들을 찾아가보세요.
뉴욕이라는 도시를 재발견할 수 있는 멋진 기회가 될 겁니다.
각 작품들은 충분히 걸어서 이동할 수 있는 거리에 자리하고 있으며
가는 길에는 근사한 레스토랑과 바가 즐비합니다.
그러니 여정을 마친 뒤에는 술이나 음료수를 한잔하거나
혹은 간단한 식사를 하며
오늘 감상한 작품을 정리해보기 바랍니다.

329

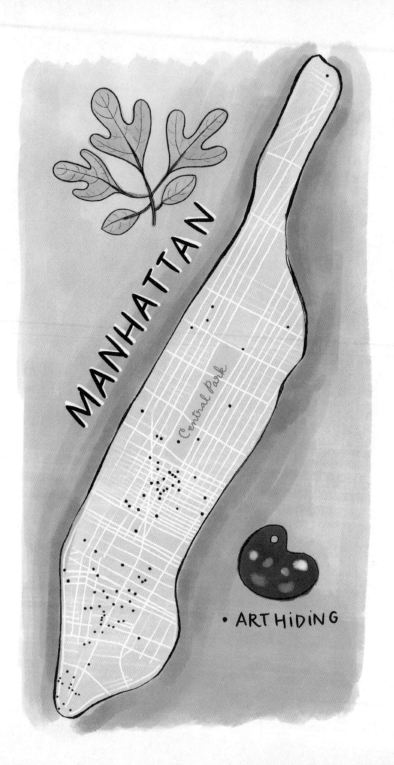

MANHATTAN

Central Park

ART HIDING

소호

〈더 월〉→〈뉴욕 보도에 떠다니는 지하철 지도〉→ 도널드 저드 거주 공간 겸 작업실
→ 푸드 레스토랑→〈흙방〉→〈깨진 킬로미터〉

예술가들이 소호에 처음 눈을 돌리기 시작한 것은 1970년대였습니다.
상업 용도로 지어진 건물의 높은 천장과 커다란 창문이 예술가들을 이곳으
로 이끌었지요.

예술작품 탐방 여정의 공식적인 시작점은 포레스트 마이어스의 〈더
월〉입니다. 소호로 향하는 입구라는 사랑스러운 별명이 붙은 작품입니다. 이
작품을 감상한 뒤에는 남쪽으로 더 내려와 그린 스트리트로 향하세요. 이곳
에서는 발아래를 보는 것을 잊지 말아야 합니다. 110번지 앞에 프랑수아즈
샤인의 〈뉴욕 보도에 떠다니는 지하철 지도〉가 새겨져 있기 때문이죠. 스프
링 스트리트 101번지에서는 저드 재단이 주최하는 예술가가 이끄는 투어에
참여해보기 바랍니다. 사전 예약은 필수! 이곳에서는 도널드 저드의 삶을 엿
볼 수 있으며 그의 작품을 비롯해 다른 전시 작품을 감상할 수 있습니다.

이제 우스터 스트리트로 가서 소호의 보헤미안들에게 음식을 제공한
고든 마타-클락의 푸드 레스토랑(프린스 스트리트 모퉁이)에 들려보세요. 그다
음에는 141번지로 가서 디아 재단이 소유한 월터 드 마리아의 〈흙방〉을 감상

하길 바랍니다(여름에는 문을 닫는다). 마지막으로 웨스트 브로드웨이 393번

지로 향해 월터 드 마리아의 또 다른 작품, 〈깨진 킬로미터〉를 감상하며 일

정을 마무리하도록 하세요. ✳

로어 맨해튼의 올드 뉴욕

루이즈 니벨슨 플라자 → 〈네 그루의 나무〉 → 〈더블 체크〉
→ 〈삶의 환희〉 → 〈구〉 → 코엔티스 슬립

혁명 시대의 역사를 간직한 로어 맨해튼은 맨해튼의 그 어떤 곳과도 다른 독특한 정취를 풍기며 미니멀리즘 공공 조각품을 비롯해 무수히 많은 관광객으로 넘쳐납니다.

이곳에는 화려한 고급 나이트클럽과 야회복이 유행하던 시절인 '올드 뉴욕'도 있었지만, 그보다 더 오래된 올드 뉴욕도 있었습니다. 미국의 건국자들이 이 지역을 활보하면서 영국에 대해 걱정하고 거버너스 섬을 통해 출구 전략을 계획하던 시절이죠. 당시의 역사적인 건물을 지금의 예술작품과 비교해보는 것만으로도 오후 반나절을 근사하게 보낼 수 있을 것입니다.

살펴볼 작품이 많으니 대표적인 작품만 선별하도록 하겠습니다. 우선 금융지구로 향할까요? 루이즈 니벨슨 플라자(메이든 레인 73번지)에 가면 이 화려한 예술가의 단색 조각품이 우리를 반깁니다. 그다음에는 근처에 자리한 원 체이스 맨해튼 플라자에 가서 장 뒤뷔페의 〈네 그루의 나무〉 앞에서 잠시 쉬어보세요. 생각보다 큰 작품에 놀랄지도 모르겠네요.

이제 다소 엄숙한 태도로 9·11 테러 가운데에도 살아남은 작품을 감상

하며 이 테러로 목숨을 잃은 이들을 기립니다. 우선 리버티 스트리트와 브로드웨이의 북서쪽으로 향해 J. 시워드 존슨의 〈더블 체크〉를 감상해 보세요. 그다음에는 주코티 파크로 가 마크 디 수베르의 〈삶의 환희〉를 감상한 뒤 리버티 파크 바로 남쪽에 자리한 9·11 메모리얼 사우스 풀(시더 스트리트 155번지)로 가서 프리츠 쾨닝의 〈구〉를 보기 바랍니다.

마지막으로 코엔티스 슬립으로 발걸음을 옮겨봅시다. 오래된 닻 제조 공장에 가서 제임스 로젠퀴스트를 비롯한 다른 예술가들의 작품을 상상해볼 차례입니다.

자, 이제 여정은 끝났습니다. 그림 같은 스톤 스트리트를 따라 들어선 레스토랑에서 음료나 술을 한잔하며 하루를 마무리해보세요. ※

로비를
서성이는 법

솔로 컬렉션 → 킹 콜 바 → 애비뉴 666번지 53번 스트리트 → 〈파란색 붓질로 그린 벽화〉
→ 〈시간Time〉 → 〈운송 수단의 역사〉 → 〈움직이는 활자〉 → 〈빛의 상자〉

이제 연기력을 발휘해야 할 차례입니다. 미드타운으로 가서 기업 로
비에 놓인 채 사람들의 주목을 받지 못하는 작품들을 감상해보세요. 긴장할
것 없습니다. 첫 방문 장소는 비교적 쉬운 곳입니다. 웨스트 57번 스트리트
9번지에 자리한 솔로 컬렉션은 한 번도 문을 연 적이 없습니다. 그러니 건물
바깥을 서성이면서 오늘 하루 발휘해야 할 기술을 연습해보는 것도 좋겠습
니다. 시간을 충분히 갖고 쉘던 솔로의 개인 소장품을 들여다보기 바랍니다.
장 미쉘 바스키아, 앙리 마티스, 빈센트 반 고흐를 비롯해 수많은 작품을 감
상할 수 있으니까요. 그래도 긴장이 되거든 세인트 레지스 호텔(이스트 55번
스트리트 2번지)에 자리한 킹 콜 바로 발걸음을 옮겨 맥시필드 패리쉬의 화려
한 작품 아래에서 블러디 메리를 홀짝이며 긴장을 풀어봐도 좋습니다.

기분이 나아졌나요? 그렇다면 이제 5번 애비뉴 666번지 53번 스트리
트 입구 쪽으로 걸어가 보세요. 회전문을 열고 들어가 복도를 천천히 걸으면
서 천장에 설치된 이사무 노구치의 일렁이는 작품을 감상할 수 있습니다. 경
비원은 우리를 보고도 눈 하나 깜빡하지 않겠지만, 사진을 찍으려고 하면 정

체가 드러나고 말 테니 자제하기 바랍니다(사진 촬영은 금지다).

　이제 52번 스트리트 출구로 나와 7번 애비뉴로 향합니다. 787번지에 가면 로이 리히텐슈타인의 〈파란색 붓질로 그린 벽화〉가 기다리고 있습니다. 21미터에 달하는 벽화는 건물 안에서도, 밖에서도 감상이 가능합니다. 자, 이제 록펠러 센터로 갑니다. 대중들이 즐길 수 있도록 전시된 벽화 두 점을 살펴볼 차례입니다. 30 록펠러 센터에 가면 호세 마리아 세르트의 거대한 벽화를 볼 수 있으며(한때 이곳에 설치되었지만 지금은 파괴된 디에고 리베라의 작품을 상상해볼 것) 덜 알려진 10 록펠러 플라자에 가면 딘 콘웰의 〈운송 수단의 역사〉를 볼 수 있습니다.

　더 걷고 싶거든 다시 서쪽으로 돌아간 뒤 남쪽으로 방향을 틀어 41번 스트리트, 8번 애비뉴 620번지로 향해 보세요. 뉴욕 타임스 건물 로비에 들어가 〈움직이는 활자〉를 여유롭게 감상하면 됩니다. 100년 전 뉴스 기사를 감상할 수 있는 흥미로운 경험이 될 겁니다.

　자 이제 로비 서성이기의 전문가가 되었으니 가장 난이도가 높은 5번 애비뉴 505번지로 향할 차례입니다. 여기서는 이곳에서 일하는 직원과 약속이 있는 손님인 척해야 합니다. 이제 휴대전화를 귀에 댄 채 로비를 빠르게 왔다 갔다 하며 제임스 터렐의 〈빛의 상자〉를 감상합니다. 참, 경비원 눈에 띄기 전에 재빨리 이동하는 것을 잊지 마세요! ※

저자와 일러스트레이터에 관하여

로리 짐머Lori Zimmer는 뉴욕에서 활동하는 큐레이터이자 작가, 『골판지 예술: 창의성, 협력, 스토리텔링, 재활용에 관한 아이디어The Art of Cardboard: Big Ideas for Creativity, Collaboration, Storytelling, and Reuse』, 『스프레이 페인트의 예술: 에어로졸 전문가에게서 얻는 영감과 기법The Art of Spray Paint: Inspirations and Techniques from Masters of Aerosol』의 저자입니다. 짐머는 2012년, 뉴욕 예술의 역사와 현시대 예술품에 관한 정보에 초점을 맞춘 인기 있는 미술사 블로그 〈아트 너드 뉴욕〉을 열었습니다.

2009년, 근무했던 첼시 갤러리에서 '자유로워진(다시 말해 해고된)' 짐머는 지난 10년 동안 예술계에서 자신만의 경력을 쌓아왔습니다. 큐레이팅, 예술 관련 글 기고, 비평, 이벤트 계획, 홍보, 예술가 관리를 비롯해 1인 기업가로서 다양한 예술 활동을 해오고 있으며, 2016년부터는 뉴욕에 위치한 쿠시니르스키 거버 PLLCKushnirsky Gerber PLLC에서 저작권 침해 소송과 관련해 예술가들의 대변인 자격으로도 활동하고 있습니다.

짐머는 전시회 40건을 비롯해 뉴욕, 마이애미, 난터켓, 필라델피아, 시카고, 함부르크, 독일, 파리, 프랑스, 오바마 시절 백악관 등에서 다양한 프로젝트를 주관해왔습니다. 또한 2018년에는 친구에게 왼쪽 콩팥을 기증했으며, 이를 계기로 큐레이션 일을 그만두고 전업 작가로 돌아섰습니다.

현재 남자친구 로건 힉스와 그의 아들 세일러와 뉴욕에 살고 있으며, 종종 마리아와 함께 파리에서 치즈와 바게트를 먹는 모습이 목격되기도 합니다.

마리아 크라신스키|Maria Krasinski는 일러스트레이터이자 교육자로 예술, 탐험, 국제 관계를 향한 열정을 그러모아 상상력을 자극하는 이야기를 전하고 있습니다. 호기심으로 똘똘 뭉친 그녀는 늘 스케치북을 옆에 낀 채 일곱 개 대륙을 돌아다니며 일하고 있습니다.

마리아는 시카고 고고박물관에서 인디애나 존스의 현실판 사람들과 일하다가 미국 최초의 청소년 미디어 아트 비영리단체에 합류했습니다. 보다 최근에는 예술과 여성 기업가 정신을 통해 평화를 구축한다는 목표로 국무부가 기획한 문화 간 교류 프로그램을 이끌기도 했습니다. 마리아의 창의적인 작품은 〈뉴욕 타임스〉, SPIN.com, 시카고 공립도서관, 카리타스 체코 공화국, 무하마드 알리 센터에 소개되었습니다.

2017년에는 안식년을 가져 조지아 트리빌시의 평화 봉사단에서 활동하고 파리에서 프랑스어를 공부하기도 했으며, 그 가운데 로리와 함께 이 책의 작업에 열정을 쏟았습니다.

옮긴이 이지민

책을 읽고 글을 쓰고 싶어 5년 동안 다닌 직장을 그만두고 번역가가 되었다. 고려대학교에서 건축공학을, 이화여자대학교 통번역대학원에서 번역을 공부했으며 현재는 뉴욕에서 두 아이를 키우며 번역을 하고 있다. 『마이 시스터즈 키퍼』, 『시간여행자를 위한 고대 로마 안내서』, 『북유럽 모던 인테리어』, 『어반 하우스』, 『거리의 디자인』, 『홀로서기 심리학』 등 50권 가량의 책을 우리말로 옮겼으며 저서로는 『그래도 번역가로 살겠다면(전자책)』, 『어른이 되어 다시 시작하는 나의 사적인 영어 공부(전자책)』가 있다.

아트 하이딩 인 뉴욕

초판 1쇄 발행 2021년 06월 10일

글 로리 짐머 **일러스트** 마리아 크라신스키 **옮긴이** 이지민

펴낸이 이세연
편집 최은정 **디자인** 이민정

펴낸곳 도서출판 헤윰터
주소 (06242) 서울특별시 강남구 강남대로 354 혜천빌딩 11층
팩스 02-3474-3885
이메일 hyeumteo@gmail.com

ISBN 979-11-967252-7-3 03940

———

ART HIDING IN NEW YORK
by Lori Zimmer, Illustrated by Maria Krasinski
Text Copyright © 2020 Lori Zimmer
Illustrated Copyright © 2020 Maria Krasinski
All rights reserved
This Korean edition was published by Hyeumteo Publisher in 2021 by arrangement with Lori Zimmer,
Maria Krasinski c/o Levine Greenberg Rostan Literary Agency through KCC(Korea Copyright Center
Inc.), Seoul.

이 책은 (주)한국저작권센터(KCC)를 통한 저작권자와의 독점계약으로 도서출판 헤윰터에서 출간되었습니다.
저작권법에 의해 한국 내에서 보호를 받는 저작물이므로 무단전재와 복제를 금합니다.

파본은 구입하신 서점에서 교환해 드립니다.

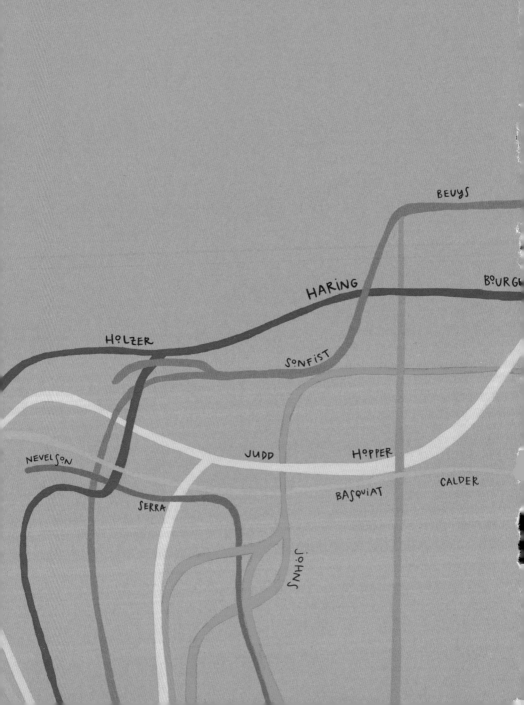